光霁丛书　戴逸 主编　陈斐 执行主编

清朝的荣光与困挫

戴逸 著
杨念群 编选 导读

中国出版集团有限公司
华文出版社

图书在版编目（CIP）数据

清朝的荣光与困挫 / 戴逸著；杨念群编选、导读. 北京：华文出版社，2025.6. -- ISBN 978-7-5075-5831-9

Ⅰ．K249.09

中国国家版本馆CIP数据核字第2025R6R108号

清朝的荣光与困挫
QINGCHAO DE RONGGUANG YU KUNCUO

著　　者：	戴　逸　　编选　导读：杨念群
责任编辑：	吴文娟
出版发行：	华文出版社
地　　址：	北京市西城区广安门外大街 305 号 8 区 2 号楼
电　　话：	总 编 室 010-58336239　发 行 部 010-58336267
	责任编辑 010-58336192
邮政编码：	100055
网　　址：	http://www.hwcbs.cn
经　　销：	新华书店
印　　刷：	三河市航远印刷有限公司
开　　本：	880mm×1230mm　1/32
印　　张：	8.375
字　　数：	200 千字
版　　次：	2025 年 6 月第 1 版
印　　次：	2025 年 6 月第 1 次印刷
标准书号：	ISBN 978-7-5075-5831-9
定　　价：	59.80 元

版权所有，侵权必究

总 序

　　人文学科的春天将与智能时代同步到来。有人认为，未来取决于STEM学科（科学、技术、工程、数学）。但社会需要的AI开发者，只是极少数。对于绝大多数使用者而言，AI产品的门槛会非常低，几乎不用额外培训，就像电脑、手机那样。相反，如何使用AI产品而不被其"异化"——降低认知和审美能力，倒是人人都要考虑的。而文学、历史、哲学、艺术、宗教等聚焦人生价值与意义的人文学科，恰好为人类驾驭AI产品，实现全面、自由、和谐发展提供了丰富的养料和启示。它们是"智能之魂"，是我们在智能时代葆持人性、提升境界、获得幸福的星光大道和诗意家园。

　　智能时代的排空而至，使人文学科显得空前重要。人类需要在数千年积累的人文智慧指引下，立法定规，防范AI可能带来的安全隐患、伦理危机和认知偏见。正如联合国教科文组织所倡导的，我们需要的是"以人为本的人工智能"，要"以秉持人类价值观的人工智能助力可持续发展"，通过制定政策和监管，确保其能够为作为一个共同体的全人类谋取福利。

"光霁"丛书的推出，即是为这个智能时代提供人文启示与滋养。我们打算做点沟通学界和公众的工作：选取人文学界有所建树的名家泰斗，邀请对其学术颇为了解的领军学者或中青年新秀，从其论著中择取代表性和普及性兼顾的篇章，分别按专题汇为一书，并撰一"导读"置于卷首。这样做，既保证了内容的权威性、前沿性和系统性，也兼顾了读者的阅读、接受需要。

丛书名曰"光霁"，源于宋人对"圣贤气象"的品鉴。黄庭坚《濂溪诗序》曰："舂陵周茂叔，人品甚高，胸中洒落如光风霁月。"周茂叔即写过《爱莲说》的北宋理学家周敦颐。"光风霁月"原指雨过天晴后的明净景象，后用来借喻人品，形容人胸怀洒落、品格高洁，也用来描绘政治清明、时世太平。这样的气象，正是人文学科所致力涵育的理想人格和理想社会，正如《孟子·尽心上》所云："仁义礼智根于心，其生色也睟然，见于面，盎于背，施于四体，四体不言而喻。"《毛诗大序》也说，先王以诗"经夫妇，成孝敬，厚人伦，美教化，移风俗"。

《周易·贲》云："观乎天文以察时变，观乎人文以化成天下。"时代的快速变革，要求每个人都树立终身学习的意识。相信这套书有助于智能时代的国人和社会提升人文素养，让其与时俱进，享受 AI 带来便利的同时，不为物役，不带机心，永远葆有"光风霁月"般的美好境界。

目 录

导读 001

第一辑　中国史的贯通与宏观把握 001
论中国历史上的统一与分裂 003
20世纪中国的学术文化 011
世纪之交中国历史学的回顾与展望 018

第二辑　清代的中国与世界 039
满族兴起的精神力量 041
论康乾盛世 048
四库全书和法国百科全书
　　——为纪念法国革命二百周年而作 061
失去了的机会
　　——略论18世纪的中英关系 083

在清代经济宏观趋势与总体评价学术研讨会上
  的发言 102
清朝的历史地位 112

第三辑　《清史》编纂 117

《清史稿》的纂修及其缺陷 119
构建新世纪标志性文化工程
  ——清史编纂工程启动感受 135
贯穿《清史》的一条主线
  ——新修《清史》通纪内容要旨 140

第四辑　史学方法与史识的养成 167

资料、思想、文采、道德
  ——对历史学家的四项要求 169
历史学家的过去与现在 182
从历史展望未来 186
边疆开发活动中的人和环境 200

第五辑　以史为鉴 203

闭关政策的历史教训 205
清代开发西部的历史借鉴 214
中日甲午战争的前因与后果 222
五四运动与传统文化 234

导　读

　　戴逸先生（1926—2024）是海内外享有盛名的历史学家，也是中国史界少有的能整体把握清朝前后期历史的大家，戴先生同时也是新中国近代史学科的奠基人。先生一贯主张，在贯通中国历史与世界一体化进程的视角下审视中国的过去、现在与未来。本书精选先生的学术论文、演讲、报告及编务文章四十余篇，所涉论题广泛，包括对中国史的宏观认识、清代中国与世界的关系、《清史》编纂的构想与设计、史学方法与史识的养成等方面。

　　戴逸先生的治学风格与其早年的求学经历息息相关。其家乡常熟，自明清以来就是人文渊薮，不仅学者云集，书楼林立，而且遍地可见小型的流动书摊。先生自幼深受江南读书氛围的熏陶，早早即得到文史知识的启蒙。后来先生一家为了躲避日军的轰炸，不得不辗转迁居。他首先进入上海交通大学铁道管理系学习，旋又因难以割舍年少时的读史兴趣，转入北京大学历史系读书，试图以文兴国。由于参加我党领导的学生运动，遭到国民党特务的缉捕，最终投奔解放区，进入河北正定华北大学政治研究室革命史组参与教研活动。这些颠簸动荡的革命阅历深刻影响了先生的治学气质，使他对中国历史的认识始终有别于那些安于书斋的"学院派"史家，表现出一种注重践履的精神特质。

戴先生涉及的研究领域十分广泛，包括清代政治史、边疆民族史、中外关系史、太平天国史、五四运动史等诸多方面。我们不妨将其治学生涯分成三个时期。第一，建国后至"文化大革命"以前，戴先生全身心投入教学工作，开启了在高校系统讲授中国近代史的先河，并且以研究《尼布楚条约》为契机迈入了清前中期历史研究的大门。第二，改革开放至20世纪末，随着《简明清史》《乾隆帝及其时代》《十八世纪的中国与世界》等系列成果的问世，标志着先生已达到学术生涯的高峰。第三，新世纪以来至今，戴先生将个人学术研究兴趣与领导大型国家文化工程高度契合在了一起。作为国家《清史》纂修工程首席专家，先生毅然践行着以史学参与国家建设的"经世"抱负。

作为弟子，这篇简短的序言当然无法全面概括先生取得的多方面成就，只能基于我个人的体悟粗浅地谈谈先生的治史风格，并尝试呈现先生治学的精义所在。

一、淹贯古今的"通识"意识

戴先生曾在不同场合强调过治史贵在"贯通"，即应"前后贯通，表现历史发展的大趋势和我们的历史观"。治史者需要在"时间"上纵向把握长时段的历史走势，在"空间"上勉力认识历史的整体性，从而形成一种"史感"，方能洞察历史的深层结构。这种贯通不是将前后相续的历史经验简单地串联成一条线索，而是立足于实证考察，全面寻究历史演变过程中同时存在的断裂与延续两种状态，并掌握其发展规律。

先生对历史总体发展趋势的重视，既源于他对唯物史观的深刻理解，也基于他在长期教研工作中积累出的丰富经验。新中国成立以后，"中国近代史"尚未被视作一门学科，可参考的成果很少。先生在中国人民大学率先开设中国近代史课程时，面临的首要难题是如何归纳梳理出一条总体线索。《中国近代史稿》的撰写就是试图以贯通的眼光解释中国近代历史的重要著作，其中不乏独到的思考。比如先生在比较太平天国与中国共产主义革命的异同时，认识到近现代历史发展既具有连续性、相似性，也有自身的多样性、独特性，前后相续的历史不会简单重复。先生从长程历史的维度审思太平天国运动后中央与地方关系的变化，至今仍然具有重要的启发意义。

此后，先生由近及远，由今入古，开始从中国近代史上溯至清史研究，打通了清朝前期与晚期的关联，更加升华了他始终坚持的历史"贯通"意识。先生自称，儿时的读史习惯令他有嗜古的倾向，但先生并不刻板盲从古人，而是兼具浓厚的现实关怀，对清史与中国近代史同时展开研究，恰好能满足先生试图兼顾两方面兴趣的志向。先生希望把清朝置于世界近代历史发展格局之中予以定位，因此他发表了如《满族兴起的精神力量》《论康乾盛世》《清代经济宏观趋势的总体评价》等一系列通论性质的文章，为未来清史研究的国际化定下了基调。先生晚年为国家新修《清史》工程殚精竭虑，增设了"通纪"作为统领总纲，并亲自用兴、盛、衰、亡四字概括出清朝历史演变的主线。

在担任中国史学会会长期间，戴先生同样以贯通的眼光统筹中国史学科的整体发展。如他撰写的《论中国历史上统一与分裂》《近代中国人口的增长和迁徙》《关于中国传统文化的几个问题》等文章横贯两千年历史，聚焦中国历史发展中的诸多重大问题。如通过对历代移民浪潮的比较，先生揭示了近代人口流动模式的特殊性，他认为清中叶以后大量人口由中心地区向周边乃至海外迁徙扩散的趋势，与古代自北向南的迁移模式显然有别，但同样是前代移民造成内地人口饱和态势的一种延续。

先生不仅主张从历时性的意义上纵观古今历史，而且倡导从空间上拓展视野，做跨区域、跨文化乃至全球性的比较研究，同时倡导借鉴社会学、经济学、政治学、人类学乃至生态学的方法，鼓励学科之间进行横向交流。为了纪念法国革命二百周年，先生特意撰写《四库全书和法国百科全书》一文，横向比较了两部文化巨著，从中揭示出中西方文化结构与历史走向的深层差异。

二、"俯瞰森林"式的宏阔视野

如果将戴先生的贯通方法比喻为观察历史的"长镜头"视角，那么他显然还拥有另一个洞悉全局的"广角镜"式的探测眼光。所谓观察历史的"广角镜"眼光，系指一种能够从整体俯瞰历史发展全景的能力。由于受到西方社会科学的支配性影响，如今多数学者的治史路径已越发朝着专门化的方向发展，这就如同一个人进入森林，只能发现眼前熟悉的个别树木，却无法把握整座森林的全貌。戴先生通过长期的探索实践，积累起了洞察历史整体格局和发展大势的丰富经验，这也是他有别于一般历史学家的特质。

戴先生既能从整体上把握中国当代史学的演化特点、厘清理论发展脉络，又能及时深入总结中国当代历史研究的成败得失。《20世纪中国的学术文化》《世纪之交中国历史学的回顾与展望》等文章，正是充分展现了先生的这一治学特点。对于20世纪90年代以来渐渐发展成主流的区域文化史研究，先生在表达赞许的同时又敏锐地指出，讲区域文化比较不能只限于某个局部的研究，而忽视整体存在的状态。他以北京为例，表示北京就具有吸纳吞吐多元文化的能力，北京作为政治文化中心常常把某些区域文化特点吸纳进来，加以改造，然后再辐射出去，影响到全国，这是统一国家的特点。因此，要真正了解区域文化的特质必须兼顾考量其与中央政权的关系。

戴先生"俯瞰历史森林"的能力还表现在他对清史纂修工程的统筹安排上。作为首席专家，先生将清史纂修分解为主体工程、基础工程和辅助工程三大板块：主体工程的目标是编纂一部高质量的《清史》，基础工程是指对国内外有关清代档案、文献的收集和整理，辅助工程是围绕前两个工程采取的相应保障措施。为此他做了一个形象的比喻："我们要打造一艘航空母舰，不仅仅需要航空母舰，还要有许多驱逐舰、巡洋舰、潜水艇，要形成一个战斗群，形成规模性的文化工程。"先生对主体工程《清史》的体例设计与框架安排突破了历代大型史书的编纂模式。根据先生的设计，《清史》在融合了"二十四史"体例中的"典志""传记""史表"的同时，新增了"通纪""图录"部分，形成了新的综合编纂风格。

先生晚年主张"清史研究要有世界眼光",力求把清朝放在全球史的背景下加以重新审视,改变中国史和世界史彼此隔离互不往来的传统习惯。他非常注重全球一体化趋势对清代中国的影响,在清史工程的编译工作中,先生强调要尽可能参照和吸收外国史料。先生提出"18世纪是世界历史的分水岭"的观点,并以《清代的中国与世界》《失去了的机会》等重要论著佐证其说,直面清代中国面临的机遇和挑战。针对中西历史的"转轨"问题,先生主张要看到历史的本质和主流,否则谁都可以轻易地为两种相反的观点去掇拾自己需要的例证。历史学家应该做的,恰恰是在纷繁多歧的史料中提炼出主流趋势,抓住主要矛盾。

三、心系家国的"经世"情怀

中国古代史学时常带有强烈的"资治"功能,今人同样强调史学解释应当为社会发展做出贡献。先生早年的读书经历与时代巨变紧密交织在一起,其治学风格从一开始就具有强烈的经邦济世的实践特质。他一方面强调要以史为鉴,治史须保持政治敏感度;另一方面又主张学者应具有高度的社会责任感和自我反省能力,不可拘守僵化的政治意识形态。我们不妨将此视作传统"经世"精神在当代的一种延续和体现。

先生在研史之时,始终以其敏锐的学术嗅觉回应着当代中国面临的重大现实问题。先生尤其关注清朝一直延续到当代的边疆开发与主权问题。20世纪60年代,中苏之间发生珍宝岛冲突,此前先生尚未涉足清前期史,但他素怀经邦济国之心,毅然投入《尼布楚条约》的研究。他撰写的《一六八九年的中俄尼布楚条约》一书，对中俄签约始末以及双方边界存在的争议问题做出了严谨的考证，成为了一部真正能够为国家外交政策提供咨询意见的精品力作，在当时起到了重要的资政作用。20世纪90年代，中央提出西部开发战略，先生则以《开展边疆史地研究，为现代化建设服务》及《清代开发西部的历史借鉴》等文发表意见，指出在开发边疆的同时，应注意清代以来就已恶化的自然环境问题，展示了先生颇为敏锐的超前意识。"钓鱼岛事件"和"南海仲裁案"发生以后，先生重审新修《清史》当中的《边政志》，要求设立海洋篇，并强调"一定要把清代对南海诸岛及相关海域行使主权和管辖的历史讲清楚"。

1978年12月，十一届三中全会拉开了中国改革开放的大幕，戴先生率先在1979年3月13日的《人民日报》上发表《闭关政策的历史教训》一文，深刻揭示了清朝闭关政策的历史根源及其深远危害。他指出，清朝闭关政策从根本上说是落后封建经济的产物，它在表面上具有一点自卫作用，但实际上却是"慢性自杀"，只能束缚本国人民的思想，严重阻碍了中国社会的前进。因此，中国绝不能依靠自我隔离的政策来谋求自强，必须吸收世界各国发展的有益养分。该文很快受到学界的关注，并引发人们对清代外交政策、外贸关系等问题的研讨，其影响力一直延续至今。更为难得的是，先生意识到闭关自守的思想像幽灵一样，仍然可能缠绕于国人的头脑，随时成为我们前进的绊脚石，这无疑是警世之论。此篇鞭辟入里的文章之所以能在十一届三中全会之后迅速面世，正是因为先生长期致力于思考中国为什么落后这类关键问题，才能在改革风气渐开的反思大潮中，勇于发出先声。

先生以老骥伏枥的精神,通过撰写文章和组织活动,促使地方政府意识到修复北京皇家园林的必要性。可见,先生的治学重点不仅始终与国家变革的命运紧密相连,而且总是以实际行动推动史学研究有效参与社会变革的进程。

四、多元兼容的前沿意识

戴先生在数十年的史学研究生涯里从不局囿于某一固定的话题和领域。即便到了晚年,先生仍孜孜不倦地关注史学前沿的发展变化,努力实现自我超越。他晚年最重要的一次学术探索,就是把清朝放在全球史的背景下加以审视。先生为此撰写了数篇论著,并组织力量开展研究,不断丰富着他"18世纪是世界历史的分水岭"的主张。先生提醒我们,既要避免站在现代人的立场简单裁断清史,也不宜把清史与世界各国历史的发展过程简单等同起来,应该洞察其独特性的一面。这些观点不仅间接呼应了法国哲学家福柯等人有关18世纪世界各国开始出现历史转型的经典论断,而且也与近年来西方有关中西历史"大分流"问题的讨论进行了对话。尽管如此,先生并不认为中西方社会在18世纪以前具有多少相似性,他强调两者在文化特点、社会结构等方面本就具有深刻差异,"假如没有外国资本主义的侵入,中国将按照自身的规律向前发展,从内容到形式将会和西方世界很不相同,譬如两列火车在两条轨道上行驰,各自奔向遥远的未来,我们不知道两条轨道将在何时何处会合交接。"这个看法与当时的主流观点并不同调,但是随着时间的推移,已越发彰显出先生的远见卓识。

近些年来,环境史、城市史日益成为显学,先生虽未曾撰写专文耕耘于此,但他早在20世纪八九十年代便针对城市治理、边疆开发中的人与环境之关系等问题发表见解。他指出,清廷在开发西部的过程中实行的各类政策具有积极作用,但也导致了严重的生态破坏,激化了社会矛盾。今天人们已越来越重视生态环境问题,先生早在三十余年前就从清朝的历史教训当中发出了警示。在《清史》纂修过程中,先生也强调书写《生态志》的重要性与前沿性,并且早已指出生态史研究要突出人的作用,这恰恰是目前生态史研究最需反省的问题。对于近些年来的区域社会史、"新清史"及量化史学等最新研究领域,先生也有所关注,这对一位耄耋老者来说,实属难能可贵。

先生不仅具备敏锐的超前意识,而且拥有多元兼容的学术胸襟。在教学实践和清史纂修过程当中,总不免遇到不同意见,发生各种争论。先生深知,允许和鼓励不同观点、不同学派的存在和发展,培养相互尊重平等讨论的风气,乃是促成学术繁荣的必备条件。比如,先生本来没有将属于自然科学门类的《天文志》纳入《清史》当中,但他在虚心听取专家的建议之后,意识到《天文志》作为"国之重典"在新编清史中应给予其位置。在教学方面,先生善于因材施教,鼓励弟子大胆创新,即使某些学生的观点与自己出现分歧,仍会予以最大限度的包容。因此在先生的弟子中,既有以理论见长者,又有热衷考据的专家,所涉主题更是丰富多元,涵盖清代至民国的思想文化史、政治史、社会史、边疆民族史、中外关系史、环境史等各种议题。先生每涉足一片前沿领域，便能带动弟子们开辟出新的学术天地，推动着清史与近代史研究的不断进步。

戴先生曾撰文提出历史学家治学应具备的四项要素，即资料、思想、文采、道德，对后辈启迪甚大。在我看来，先生治史倡导的"贯通"理念、整体视野和比较意识，不断激发着他产生新鲜的思想灵感。其严谨治学的态度与"经世致用"的实践精神，则践履着史家之德。虽然先生擅长阐发宏论，但其文字亦能深入浅出而又不失古韵。限于篇幅，本书主要选录了先生从整体上观察历史演变大势的文章，因为这些"通识"之见最能代表先生的治学特点，也最能激发学人的思维灵性，犹如陈年美酒，历久弥香。

杨念群

2023 年 6 月

第一辑 中国史的贯通与宏观把握

论中国历史上的统一与分裂[①]

我国是一个多民族国家，除汉族外，现已确认的有55个少数民族。占人口91.8%的汉族大多居住在中原和沿海，而占人口8.2%的少数民族大多居住在边疆地区。这种被一些学者概括为汉族"人口众多"少数民族"地大物博"的分布格局是长期以来历史演变的结果。关于"我国自古以来就是一个统一的多民族国家"的提法，我国学术界在50年代曾展开过讨论。我们认为，应当反对以下两种偏颇倾向：其一，一些史学家仅仅着眼于我国某一历史时期有些民族自行割据或单独立国的史实，大加渲染这些民族向来不是多民族中国的一个成员，从而根本否定我国各民族曾经几度结合成为多民族国家的历史。其二，一些史学家从其善良的主观愿望出发，无视某一时期有些民族自行割据或单独立国的史实，抽掉了我国形成一个"统一多民族国家"的漫长曲折的历史过程。上述两种倾向都不是实事求是的科学态度。我国作为一个多民族国家，既非自古以来就长期保持大一统的局面，亦非始终处于分立割据的状态，而是逐渐结合、统一到一起的。

费孝通先生关于"中华民族的多元一体格局"的理论，是在

[①] 选自《中国民族边疆史简论》，民族出版社，2006年。

确认各民族平等和共同繁荣的原则上对现实民族关系的判断，对研究我国历史上的民族关系提供了一个清晰的轮廓。循此线索而继续探究，便涉及这种"多元"结构中有无主体民族、各民族之间是否平等的问题。这是民族关系的又一层面。我们认为，应该承认汉族是中国历史上的主体民族。因为汉族在全国各民族中，在中国几千年的历史长河中，都是人数最多的民族，分布地域最为广阔，对我国统一多民族国家的形成和发展影响力最大。如果否认汉族作为主体民族的历史地位，则中国历史就仿佛成为由许多民族组成的一幅百衲被，中华民族是不会成为"一体"的。同时，在新中国成立之前，民族平等是根本不可能存在的，即使在某些条件下，有民族均势、民族对等和民族协作，然而这些也不是民族平等。只有在社会主义条件下，民族平等才真正出现并成为处理民族关系的准则。我们只有用民族平等的观点去研究不平等的民族关系史，才能认识历史上真实的民族关系和今天社会主义制度下的民族平等。

尽管汉族在全国各民族中的历史影响最大，但必须指出，中国的历史是我国境内各民族共同创造的。各族人民理蓁辟莽，手足胼胝，开拓着疆野，创造着文明，奠定了中华人民共和国960多万平方公里的广袤国土，泽被后世，功炳千秋。其中，各少数民族和汉族都有重大贡献。据历史记载，汉族最先开发了黄河流域的陕甘及中原地区；东夷族最先开发了沿海地区；苗族、瑶族最先开发了长江、珠江和闽江流域；藏族最先开发了青海、西藏；彝族和西南各族最先开发了西南地区；东胡最先开发了东北地区；匈奴、鲜卑、柔然、突厥、回纥、蒙古各族先后开发了东北和北部地区；回族和西北各族最先开发了西北地区；黎族最先开发了海南岛；高山族最先开发了我国台湾。过去，学术界在阐述民族关系时往往具有汉族文化中心论的倾向，强调汉族文化先进于边疆少数民族文化。这样在汉族正史作家的笔下，总是以我为主，我即文明，其余皆蛮荒。汉族成了先进的代名词，边疆少数民族成了落后的标志。这种偏向应予纠正。随着民族问题研究的深入，文化发展的多极化和多元化逐渐为世人所认同，从生产力发展水平来看，各民族的历史发展是不均衡的。新中国成立前，有些民族还处于农奴制阶段，有些还处于奴隶制阶段，甚至有些还处于原始公社阶段，但汉族在明清时期就达到封建农业文明成熟的阶段。不过我们应该看到，各民族的文化都是与其生存环境相适应的，有相对独立性，是其生存环境和历史传统的产物。有些文明幼稚阶段所创造的文化成果为文明成熟阶段所难以模仿和不可企及，各地区各民族的文化各有其优点和特色，难以区分其优劣高下。例如，汉族和藏族，从文字上看，藏文是拼音文字，汉文是象形文字，按汉字要走拼音化之路的观点，藏文字应该算先进者。若按单位土地面积的农产量来说，汉族发达地区比藏族山南地区产量几乎多10倍，应该是先进的；但从另一角度看，藏族能够在青藏高原上正常地进行农业生产，而汉族的任何先进农业技术却办不到这一点。汉族对自己的文献总是引以为豪，但不要忘记藏文佛经的浩瀚程度比汉文佛典还略胜一筹。汉族拥有《史记》《红楼梦》等许多流传百世的伟大作品。同样，藏族的《格萨尔》也是光辉灿烂，堪称中华民族的文化瑰宝。

"儒家文化圈"是目前学术界流行的术语。有些人把中原汉族文化与边疆少数民族文化仅仅看成"儒家文化圈"向边缘地区扩散的过程。实际上,中原汉族文化和边疆少数民族文化应当是一种文化互动的关系,一种双向沟通的关系。各民族文化异彩同灿,交光互影。边疆少数民族文化绝不是儒家文化的被动受体。在秦汉以前,中原地区的农作物种类并不多,古书中记载的五谷指稻、黍、稷、麦、豆,这是古人最主要的食粮。西汉时张骞通西域,带回的植物品种有芝麻、胡豆(蚕豆)、胡瓜(黄瓜)、胡萝卜、苜蓿、葡萄、石榴。我国北方的重要粮食作物高粱,大概是西南少数民族首先种植,宋以后开始普遍于全国。在秦汉,不但用稻黍做饭,麦也用来做饭。据考证,九经中没有"面"字和"糕"字。光武帝在遭受危困时,冯异向其进麦饭,是历史上有名的故事。小麦磨面的方法,是秦汉以后由西域少数民族传入内地的。少数民族对汉族服饰文化也有巨大贡献。赵武灵王胡服骑射的典故为众所共知,旗袍至今为汉族女性所青睐。原来汉族衣着的原料主要是丝、麻和毛制品。汉朝时,新疆已使用棉布。元、明两朝期间,棉花种植与织棉技术就已从天山南北普遍传入内地。起初,内地人称之为"种骨羊",殆因棉花的纤维近似羊毛而误认为是种在田里的羊长出毛的缘故。元朝耶律楚材在诗中风趣地写道:"无衣垅种羊。"著名的黄道婆的织棉技术乃师承黎族人民。在唐代以前,汉族人都是席地而坐,西域的"胡床"传入中原,汉族便普遍地坐椅凭桌,几千年来的起居文化习俗为之丕变。遥想当年唐代的长安,仕女们梳起少数民族的高髻发式,穿起少数民族的服装,婀娜多姿,顾盼生辉。由少数民族地区传来的胡旋舞、柘枝舞美妙动人,令人目不暇接。还有绚丽的灯彩，丰富的"百戏"，或者直接由"胡"人献艺，或者在"胡"人倡导下风靡一时。史载，唐代十部乐中，就有西凉、龟兹、安国、疏勒、康国、高昌六部属于"胡乐"。

在古代，由于自然条件的限制，交通不发达，生产力水平低下，各民族之间的交往受到束缚较大。加之统治阶级设置的障碍，各族劳动人民之间也不可能没有民族偏见，因此，民族冲突与隔阂是十分严重的。但我们还应注意到民族关系的另一面，即通过长期的经济文化交流，许多民族逐渐地、自然地相互融合。民族融合是历史发展的必然，是进步的现象。

征诸史籍，我国历史上出现过三次大规模的民族融合：第一次在春秋战国时期，第二次在两晋南北朝到唐代，第三次从五代十国至明朝初期。春秋战国时期，列国年年攻伐无虚日，汉族的活动范围仅限黄河中下游，在北方有北狄、猃狁，在甘肃、陕西有氐羌，在四川有巴族和蜀族，在湖南、湖北、安徽有楚族，在江苏、浙江有吴、越族。这时期的民族融合，南方各族是以楚国为中心，东方各族是以齐国为中心，北方各族是以晋国和燕国为中心，西方各族是以秦国为中心，相互进行融合的。秦汉时期民族关系的主流是中原汉族王朝与匈奴的关系。从两晋南北朝时期的所谓"五胡乱华"开始，许多强悍的北方民族大量向南迁移，进入黄河流域地区与当地汉族人民形成杂居状态。匈奴、鲜卑、羯、氐、羌等少数民族的统治者还在中原地区建立了前赵、后赵、前燕、前秦、后秦、北魏、北齐、北周等十多个国家，前后统治了三百年。正如马克思所说，野蛮的征服者总是被那些他们所征服的民族的较高文明所征服，这是一个永恒的历史规律。中原地区好似一座融化民族的大熔炉，使那些来似排山倒海的游牧民族无影无踪地融合于中国古代农耕文化。从两晋南北朝以后，就再也没有见到匈奴、鲜卑、羯、屠各、卢水胡等族的活动了，他们已主要同化于汉族和其他一些民族之中。隋唐时期，边疆少数民族主要有突厥、回纥、吐蕃、靺鞨和契丹等。历史学家认为，古汉族经过西晋末年的"永嘉之乱"、唐代中期的"安史之乱"以及北宋后期的"靖康之乱"，汉族分布重心南移。建立在黄土高原旱地农业基础之上的古汉族文化由于中原震荡，如蜩如螗，在南移后吸取古越族江东文化的余荫，创建了植根在滨水稻作农业之上的现代汉文化，古汉族随之演化为现代的汉民族。到了元朝初年，契丹人、女真人和西夏人都已经丧失了自己的民族特点，被汉人同化了，所以元朝把"辽""金""西夏"的人民统称为"汉人"，而把南宋的人民称为"南人"。元朝败亡以后，"蒙古、色目（指西北地区少数民族）之人多改为汉姓，与华人无异"。中国历史上的民族组合，到了元代，可以说基本上稳定下来了，其后虽有满族的入关，变动并不太大。汉族人口至今有12亿多，并非单纯的人口自然增长，而是吸收了少数民族。毛泽东指出："汉族人口多，也是长期内许多民族混血形成的。"过去人们对汉族融合于其他民族的事实注意不够，因而容易产生汉族较杂而其他民族成分较纯的片面性印象。但事实上，少数民族中的汉人成分未必低于汉人中的少数民族成分。目前拉萨郊区的以种菜为生的藏族农民中很多是清代驻藏绿营兵的遗胤。

　　民族关系与民族生存环境息息相关。中国的北部和西北有广阔的草原，居住着游牧民族，以畜牧为生，逐水草而居，勇敢尚武。中国的中部和南部，沃野千里，河渠纵横，居住着人口众多的汉族，定居务农。北方游牧民族几次南下的时间恰好都是中国历史上气温偏低的时期，这绝非偶然的巧合，实由游牧经济的脆弱性所致。他们因受寒冷气候的侵袭，为谋求生存而南下。另外，北方民族经常迁徙，易于联合，又擅长骑射，有长距离运动和作战的能力。故而常和农耕定居的汉族发生激烈的战争，举兵南伐，入主中原，如北朝、辽、金、元、清等。而当汉族强大时也出塞耀武，设官治边，如汉、唐、明等。北方游牧民族和农耕汉族的对峙、冲突，贯穿于整个中国历史。而中国南方的少数民族往往局促于山地，交通困难，不利于联系与迁移，所以北方民族曾一次又一次地南下和入主中原，南方民族却很少有过类似的活动。汉族农耕文化扩展的界线受雨量线的限制，长期以来，汉族人口迁移都是自北而南，至清代出现转捩，人口迁移呈向四周辐射的状态。汉族移民进入少数民族聚居区后就难免存在对有限的自然资源和生存空间占有的矛盾，例如清代苗民起义时提出"逐汉民，复客田"的口号。目前人民通常用"大杂居、小聚居"这一命题来概括民族分布特征。从民族学角度来看，民族的族际分布有毗邻、杂居、包裹等类型。民族关系本身受生存环境的制约，各民族只能在既存的自然和社会环境之下发展和创造新的民族关系。

中国历史上曾发生过许多次民族战争，但他们又密切联系，相互依存，逐渐融合。秦汉以后，全国统一，许多民族长期处在一个统一国家中，共同生活，接受中央政府的管辖。在几千年的历史长河中经历无数次冲刷、磨洗、锤炼，民族之间的差异、对立、界限逐渐淡褪。雄健绝代、武功盖世的一些民族衰落了，甚至消失了；累世游牧、衣裘枕毡的一些民族，学习了农耕技术，在草原上开辟阡陌田畴，进行播种耕耘。到了清代，满族建立了全国政权。因为它是少数民族，比较理解少数民族的处境、心态、要求，执行比较适当的民族政策，因此得到了分布很广的其他少数民族的认同；又因为满族统治者尊儒崇学，纂辑古籍，宏扬传统文化，因此也得到汉族知识界的拥护。这样，在清乾隆时，亦即英国侵略者用坚船利炮打开中国大门之前不到一百年，清代在全国范围实现了前所未有的稳固的统一，确立了多民族统一的中国版图。

各民族都产生过本族的杰出人物和民族英雄，在讨论民族英雄时发生了意见分歧：如岳飞、文天祥、史可法，或者阿骨打（女真族）、成吉思汗（蒙古族）、努尔哈赤（满族），都是中华民族的民族成员。国内民族矛盾是中国内部的事情，不是国际冲突，和近代外国侵略中国不可等同而语。但国内民族之间的战争也有是非问题，何者是正义的、进步的自卫战争，何者是非正义的、压迫战争，应做具体分析，不可一概而论。国内民族之间发生战争，这并不排斥斗争双方的民族都有推动历史进步的功绩。中国许多民族都产生过中华民族的民族英雄。戏曲中往往有丑化少数民族的地方，这是传统习惯问题，应予改进，应尊重兄弟民族，避免伤害其民族感情。

20世纪中国的学术文化[1]

  回顾20世纪中国学术的发展历程，应该说这是一个丰收的世纪、创新的世纪、辉煌的世纪。一百年间，名家辈出，群星灿烂，成果丰硕，推陈出新。中国传统的学术发生蜕变，西方学术被大量引入中国，在中西方学术的交流、撞击、融合中，20世纪的中国学术文化诞育并迅速地茁壮成长。一百年间，各个学术领域均有新的突破和重大进展，构建了完整的中国近现代学术文化体系。回顾和总结20世纪的学术发展，明辨其是非得失，是一桩很有意义的工作，是推进21世纪的学术、进一步建构中国社会主义学术文化必不可少的重要步骤。

  中国传统的学术文化，历史悠久，源远流长，有着璀璨的成果和丰厚的积累。它长期以来哺育了中华儿女，塑造了中华民族的性格与精神，在世界学术文化史上具有重要地位。但从19世纪中叶以来，帝国主义侵略中国，也带来了西方的学术文化。西学东渐，经历了几个阶段，先是器物文明的传播，其后是制度文明、精神文明的传播，直到马克思主义传入中国。西方的学术文化，涵盖广阔，影响深远，进入中国后生根、开花、结果。它改

---

[1] 原载于《语冰集》，广西人民出版社，1999年。

变了中国学术思想界以至全社会的发展方向和前进步伐,中国从传统的封建社会跨进近代社会。其间,中学和西学、旧学和新学、传统学术和近代学术发生了激烈斗争与逐步融合。中国20世纪之学术即在这一斗争与融合的再创造过程中呱呱坠地。

中国近现代学术肇始于严复翻译西方的学术名著。19世纪末,严复翻译了赫胥黎的《天演论》,向中国人介绍了进化学说,使中国学术界的观念发生了革命性的变化。此后,他又陆续翻译亚当·斯密的《原富》、穆勒的《群己权界论》和《名学》、甄克斯的《社会通诠》、斯宾塞的《群学肄言》、孟德斯鸠的《法意》、耶方斯的《名学浅说》。这些都是中国传统学术界罕有研究、著述的领域,中国近代的经济学、政治学、法学、社会学、逻辑学得以借鉴,因之萌生。

1901年,梁启超发表《中国史叙论》,说明近代历史学与传统历史学之区别:"自世界学术日进,故近世史家之本分,与前者史家有异。前者史家不过记载事实,近世史家必说其事实之关系,与其原因结果。前者史家不过记述人间一二有权力者兴亡隆替之事。虽名为史,实不过一人一家之谱牒。近世史家必探察人间全体之运动进步,即国民全部之经历及其相互之关系。"他大声疾呼,历史学必须冲破传统,发生革命性的变化,并认为这是有关国家兴亡的大事。他说:"史界革命不起,则吾国遂不可救,悠悠万事,唯此为大。"此时,夏曾佑编写《最新中学中国历史教科书》,是我国第一部用章节体写作的、具有近代色彩的中国通史。其他学科也在20世纪之初相继跨入近代时期,1910年沈家本创办的法学会和《法学会杂志》,可说是近代法学的萌芽；王国维、罗振玉研究殷墟出土的甲骨，可说是近代考古学的滥觞；章太炎研究印度哲学，王国维研究叔本华，开中国人研究西方哲学的先河；五四时代，陈独秀、胡适高倡文学革命，中国近现代文学得以诞生，胡适写作《中国哲学史大纲》，第一次用西方观点对中国古代思想进行分析研究。至于自然科学，19世纪后期已由李善兰、徐寿、华蘅芳等翻译了许多著作，做了大量的准备。1915年，留美的中国留学生成立中国科学社并创办《科学杂志》，中国近代的自然科学研究逐步展开。

20世纪的中国学术是先进知识界为了挽救国家危亡，向西方寻找救国真理的产物。西方的各派学说、众多著作，像打开了闸门的洪水一样，冲进了中国。中国的学者在自己的基地上进行选择、甄别、吸收，创造适应于自己时代的学术文化。学者们作为中国人，生于斯，长于斯，在中国接受教育，必定会受中国传统文化的深刻影响。20世纪的第一代学者，从旧时代过来，大都精通中国的传统文化。五四时代激进的反传统文化的战士们，如陈独秀、李大钊、鲁迅、胡适、钱玄同、吴虞等，他们为了完成除旧创新的历史使命，竭力反对旧传统，要与旧传统决裂，但实际上旧传统已渗进他们的血液里，他们不可能完全斩断传统。正像他们自己所说：他们是从旧营垒中冲杀出来，进行了反戈一击。即使像陈序经那样的"全盘西化论"者，也不可能完全摆脱旧传统。只要是中国人，曾受中国文化的教育，就不能完全摆脱中国学术文化的影响，"今日之我"不可能全盘否定和完全丢弃"昨日之我"。

同样，20世纪的中国学者，不管他们的思想多么保守、顽固，都不可能完全反对西方的学术文化。西方学术文化的先进性、优越性日益明显，人们不能不在一定程度上接受它，全盘反对和摒弃西方学术文化的人是没有的。近代生活中的衣、食、住、行大多受西方的影响，西装革履、西式大菜、洋房高楼、汽车飞机，西方文明无处不在，哪个人的生活能离开这些？茅盾在《子夜》中写的吴老太爷顽固不化，但从乡下来到上海，口诵《太上感应篇》，居住的却是洋房，出门更非坐汽车不可。拖着辫子、倡导复古的辜鸿铭其实是一位受过西方完备高等教育的大学者。20世纪的重大特点是中西文化从斗争走向融合，人们都在亦中亦西、非中非西、中西合璧的文化氛围中成长。

两种异质文化的斗争与融合不会在短时间内结束。历史上，佛教文化传入中国，经历了汉魏两晋南北朝唐宋，儒佛之间发生了激烈斗争和相互排拒，才逐渐地融合，产生了儒学化的佛学——禅宗和佛学化的儒学——理学。明清之际，耶稣会传教士将西方文化带入中国，虽有徐光启、李之藻甚至顺治帝、康熙帝等上层人物的扶植，但也遇到了儒学的顽强抵抗，经一二百年之久而烟消云散，并未能生根、开花、结果。可见异质文化之间的融合，尤其是要从融合中诞生出新的学术文化，是一个长期、缓慢而艰难的过程。

鸦片战争后西方文化在中国传播，这是历史上异质文化第三次进入中国，其声势之大、影响之远，大大超过了之前的两次。西方学术文化的先进性使中国传统文化相形见绌。在19世纪末，在中学和西学的两军对战中，中学已阵脚大乱，败下阵来。因此，必须吸取西学之长，"以洋为师"，在中国学术文化的基地上重新创造,才能重建中国的学术文化。正是在这一历史背景下,经过中国学人们不懈的努力,20世纪的中国学术才得以孕育成形,脱颖而出,并显示了崭新的面目和蓬勃的生命力。

20世纪的中国学术文化,大体上说有以下特点:

第一,以进化学说和唯物史观为指导思想。中国传统学术赞美上古时代的制度和人物,颂先圣而薄后王,把尧、舜、禹、汤、文、武、周公、孔子视为道统所在,后世丢失了古代道统,故而欺凌争斗,社会日益退步。19世纪末,严复翻译《天演论》,社会进化原理风靡全国,完全改变了陈腐观念,中国人懂得了用进化史观来观察和研究人类社会,得出了与古人全然不同的结论。这样,20世纪的学术文化抛弃了传统观念,树立起近代新观念。五四运动前后,马克思主义传入中国,先进的知识分子掌握了科学的唯物史观,进一步了解了生产力与生产关系、经济基础与上层建筑、社会发展的客观规律与主观能动作用的关系等,把学术文化的研究置于唯物史观和科学方法的指导下。20世纪中国的学术文化有了长足的发展,20世纪的中国学人全都信从进化原理。特别是1949年后,马克思主义唯物史观占据主导地位,在它的哺育下,诞育和成长了大批学者。

第二,形成了新的知识分类体系。中国传统学术分成经、史、子、集,并不严格地建立在学科分类的基础上,其中经学特别重要,凌驾于上,且涵盖一切。《易经》中包括数学、哲学、自然科学,《书经》中包括政治学、历史学、地理学,《诗经》中包括文学、艺术、自然科学,《礼记》中包括政治学、伦理学、教育学,《春秋》中包括历史学、政治学。许多学科尚在幼年萌芽状态,尚未从笼统的经学中分化、独立出来，学科之间的界限极为模糊。20世纪的中国学术文化茁壮成长，规模齐备，形成了新的知识分类体系。自然科学移植了西方几百年积累的学术成果，独立为一大学科。其中分门别类，学支林立，建立了数、理、化、生、农、工、医等大学科，门类繁多，内容充实，洋洋大观，达到了较高水平，且有裨于国计民生。而人文和社会科学中，文、史、哲分离，形成各自的专业，经济学、法学、教育学、社会学、新闻学、政治学、心理学等新学科纷纷诞生、独立。由于20世纪人类社会的飞速进步，人们对自然、社会、人类自身的认识更加深入，知识量、信息量急剧增长，学术文化的内容日益充实，范围日益扩展，完全突破了传统经、史、子、集的旧框架，形成了近现代社会科学与自然科学的新的学科分类体系。

第三，理性方法的运用。传统学术研究的方法不够精密，逻辑不够严谨，推理、判断带有一定程度的主观色彩。治学中带有直观感悟、冥心静思、自省修养等某些非理性的方法，如形象的、感悟的、信仰的、揣测的、情绪的方法。只要能表达研究对象或真实或虚幻的状态，就能形成某种学术性的知识，如古代的瀛海九州说、天人感应说、明心见性说。20世纪的中国学术引进西方的研究方法，运用归纳和演绎，重视证据，"无征不信""孤证不立"，摒弃主观成见，抱着冷静、客观的态度，以理性方法对确定的对象进行具体、准确的认知活动。在自然科学中运用显微镜、望远镜、电子计算机以及其他科学仪器和实验手段，在社会科学中则着重调查研究的方法，获取第一手材料。20世纪的学术文化追求的是精确而具体地把握现实世界的丰富多样性，进而认识其本质和规律。近现代学术崇尚的是理性精神而非感悟、信仰或权威。

第四，高扬爱国主义精神。中国进入20世纪，帝国主义的侵略更加凶狠，封建军阀和国民党政府的压迫更加残酷，内忧外患，民不聊生。20世纪的中国学者们目睹山河破碎、人民苦难，抱着无限的同情，唤起自己的责任感，慷慨以拯救天下为己任，在各个学术领域苦心探索，矢志钻研，就是为了救国。20世纪的中国学术是在风雨如磐的苦难岁月中诞生、发育的。反对帝国主义侵略，反对封建主义压迫，使国家富强、人民幸福，是20世纪中国学者们共同的强烈愿望。搞自然科学的希望科学救国，搞经济学的希望实业救国，搞教育学的希望教育救国，搞政治学的希望国家繁荣昌盛，搞哲学的希望振兴民族精神，搞历史学的希望以历史经验教育和唤起民众，搞文学的塑造了众多威武不屈的民族英雄形象。20世纪的中国学术文化伴随中国的苦难而产生，它推动国家的前进，呼唤民族的奋起，激励大众的斗争，因此，爱国主义渗透其中，成为它主要的精神支持。20世纪的中国学术高扬着爱国主义的旗帜。

世纪之交中国历史学的回顾与展望[①]

20世纪即将过去,留下了鲜明的轨迹。21世纪即将到来,正准备迈开雄健的步伐。回顾20世纪的中国历史学,它经历了崎岖曲折的路程,也取得了伟大丰硕的成绩。这100年内产生了许多杰出的历史学家,前半个世纪有章太炎、梁启超、王国维、陈垣、陈寅恪、胡适、顾颉刚、钱穆,以及李大钊、郭沫若、范文澜、翦伯赞、吕振羽、侯外庐等人,这在中国历史上是罕见的。杰出的历史学家,100年出不了几位。司马迁死后140多年产生了班固,班固死后50多年产生了荀悦,又过了近30年产生了陈寿。至于裴松之、袁宏、常璩、范晔、沈约更晚于陈寿一二百年。11世纪产生了欧阳修、司马光和他的助手刘恕、刘攽、范祖禹。12世纪产生了郑樵、李焘。18世纪,历史学极盛,产生了全祖望、王鸣盛、赵翼、钱大昕、章学诚、崔述。20世纪的历史学家更是群星灿烂,代表作更多,成就更突出。最重要的是:在20世纪前期,历史观、方法论产生了重大的飞跃,传统史学完成了向近代史学的跨进,著述体例有了根本的变化。20世纪后期,中国历史学建立了完整的学科体系,包括史学理论

[①] 原载于《历史研究》,1998年第6期。是作者以中国史学会会长身份在中国史学界第六次代表大会上的主题发言。

和史学史、考古学、中国古代史、中国近现代史、世界史、历史文献学，等等。历史学科的各个部门中都涌现出许多专家，无论通史、断代史、地区国别史、各种专史，都产生了一大批有价值的专著。

20世纪中国历史学的特点和成就可以被概括为以下六点：

第一，进化史观是20世纪中国历史学的显著标志。自从19世纪末严复翻译了《天演论》，社会进化学说风靡全中国，中国近代学术思想均奉之为圭臬。在此以前的中国传统史学，自觉或不自觉地认为，社会历史越古越好，上古三代是中国历史上的黄金时代。尧、舜、禹、汤、文、武、周公、孔子是中国的道统。越到后代，大道衰微，历史越易退化。20世纪初，梁启超发表《新史学》，认为史学是"叙述人群进化之现象而求得其公理公例者也"。这一历史观的转变，从今文学派和康有为已经开始，他们的历史观已有进化史观的因素。梁启超受到西方历史学的影响，受到时代的刺激，更加鲜明地提出历史是前进的运动。同时期的章太炎则认为，历史要"发明社会政治进化衰微之原理"。梁启超和章太炎在许多观点上存在分歧，但都认同"人群和社会的进化"。后来，顾颉刚说："过去人认为历史是退步的，愈古的愈好，愈到后世愈不行。到了新史观输入以后，人们才知道历史是进化的。后世的文明远过于古代。这整个改变了国人对历史的观念。"（《当代中国史学》）随着当时政治上的大变革，梁启超提出"史学革命"的主张。他说："史界革命不起，则吾国遂不可救。悠悠万事，唯此为大。"（《新史学》）在此以后的历史学家，包括王国维、陈垣、陈寅恪、胡适、傅斯年等，以及更后的马克思主义史学家，无不信从近代进化史观，以此作为研究历史的出发点。

进化史观不但认为历史是进步的，同时还强调历史的因果关系，有"公例"可寻，优秀的历史学家必须具备哲学的素养。因此，20世纪早期的历史学家们除搜集、考证史料之外，又孜孜不倦地探寻历史上的各种因果关系。

近代进化史观在中国的传播几乎和资产阶级革命同时发生，它促进了思想解放，使人们摆脱了迷古崇古的思想束缚。五四运动发动了对封建传统文化的猛烈批判，这是伟大的进步。这种批判也是以进化史观作为思想武器之一。顾颉刚提出的"层累地造成的古史观"即是基于历史进化的思想，这样就产生了疑古辨伪思潮：不仅认为远古时代不是美好、进步的，儒家宣扬的远古黄金时代纯属子虚乌有，而且怀疑书本记载，否定古史传说。这种疑古的观念和态度有其片面性，但是我们要看到它的历史功绩，即曾在廓清古史迷雾方面有贡献。古代传说中的东西不可全信、深信，但也不可完全丢弃。古代传说中包含着历史真实的颗粒。顾颉刚等认为，通过辨伪祛疑，才能还历史以真实面貌。其功绩不可泯灭。

第二，唯物史观的运用是20世纪中国历史学的伟大进步。历史学仅仅具有进化史观，承认社会历史进步还不够，它还不能解释许多复杂的历史现象。自从马克思的唯物史观传入中国，中国的历史学就发生了本质的变化，成为真正的科学。唯物史观相对于进化论来说，是更高层次的理论，它承认进化史观，包含了进化史观的合理内核，并超越了进化史观。马克思主义本身就是受达尔文学说的影响而产生的，而进化史观也可以进一步发展到唯物史观，二者是相通的。我们不能把二者理解为相互对立的。

那么，唯物史观给史学增加了什么新内容？一是唯物史观在承认历史是进步的、具有因果关系的同时，明确提出客观世界是被规律制约的，历史发展具有不以人的意志为转移的规律性。当然，在承认这一点的时候，我们要牢牢记住，社会历史和自然界不一样。社会有人参与，主观可以影响历史进程。历史规律不像自然规律那样单纯，而是掺进了人的活动，通过偶然实现必然，所以对社会历史的研究更加复杂。但历史是客观的，不是主观的；而且，历史具有客观性规律，不是主观性规律，历史并不仅仅存在于人们的心中，这一点不仅与唯心史观不同，而且与进化史观不同。后来出现的弊端是把社会历史和自然界一样看待，过分强调客观而无视人的作用，陷入了机械唯物论。20世纪史学产生这样的流弊，原因就是对唯物史观的误解。二是承认历史是前进的，历史前进的决定性因素是生产力、生产方式的发展，是经济原因。历史发展是许多因素交互作用的结果，经济是最重要的但却不是唯一的环节，如果单纯强调经济的决定作用，那么就会陷入简单的经济决定论。要重视历史发展中多种因素复杂的相互作用，重视政治的、经济的、文化的、军事的、地理的种种因素。因此，唯物史观一方面区别于唯心史观那种把英雄人物或思想、政治和上层建筑视为决定历史发展的观点，另一方面也区别于机械唯物论不承认其他因素起作用的观点。我们承认经济因素在历史发展中起最重要的作用，这是唯物史观给我们认识上增加的新内容。三是唯物史观把阶级斗争看作阶级社会前进的动力。马克思主义反复强调，阶级存在于一个统一体内，各阶级之间既有矛盾对立性，又有相互统一性，我们既要看到阶级社会中阶级斗争的存在及作用，又不能把社会看成仅仅是阶级之间的斗争。把阶级斗争绝对化，"以阶级斗争为纲"，这是对马克思主义的曲解。在20世纪，唯物史观对中国史学发展所起的作用是巨大的。无论是马克思主义者还是非马克思主义者，都不能不承认马克思主义唯物史观对20世纪中国学术的指导作用，这是事实。同时也要承认，唯物史观与传统史学及进化史观虽然不同，但并非绝对对立，而是吸收了过去史学的精华，认同进化史观而更加科学化。过去往往把它们对立起来，抹杀了进化史观和唯物史观之间的联系，这应该引以为训。

第三，20世纪史学除了进化史观、唯物史观以外，再一个特点就是理性的觉醒、理性精神的发扬。所谓理性精神，就是承认人具有正确认知客观历史的能力，这是相对于蒙昧主义和宗教思想认为世界是不可知的，是由超自然力量主宰的观点而言的，也是相对于依靠主观感悟认知而言的。理性精神是用人的心智分析、论证、解释历史，依靠理性的推导、逻辑的证明，归纳演绎出结论，而不是按照超自然的力量，也不是按照人的直观感悟理解历史。一旦离开理性，就无法正确认识问题。清代乾嘉学派颇有一点近代的理性精神。乾嘉史学以实事求是为治学宗旨，重视证据，无征不信，不受权威影响，有独立的研究精神，即使对《尚书》《太极图》这样的权威性古书也不迷信和盲从。这种理性精神，是传统史学留给我们的一份珍贵遗产。20世纪的中国历史学吸取了西方历史学和乾嘉学派的理性精神。中国古代的认知方式偏重于直观的感悟，从整体上把握认知对象，有点接近佛教禅宗的顿悟，宋明理学也接近这种认知方式。乾嘉学派开辟了认知的新路径,即从具体方面分析、归纳、演绎,达到理性认识。我不是要赞扬清代乾嘉考据学而贬低宋明理学,这是两个不同的时代产生的两种不同的学术,各有其思维特色和认知理路。清代考据学更加重视证据,运用归纳和逻辑推断,更加接近于近代的科学认知。其实,司马光撰写《资治通鉴考异》,已有这种理性认知精神,到近代吸取了西方的实证哲学,理性主义更发扬光大。20世纪的中国历史学是在理性精神的启示下成长和发展的。理性主义在人类文明史上有重大贡献,它引导人们摆脱愚昧迷信,从而进入思想解放和科学革命的崭新里程。

20世纪20年代的科学与玄学之争,反映了这两种认知方法的不同理路:是理性分析还是直观感悟,是科学认知还是人文关怀。20世纪早期的历史学家高扬理性主义精神,梁启超撰写《中国历史研究法》,王国维提出"二重证据法",胡适揭橥"大胆假设,小心求证",一方面继承了乾嘉学派的学术理路,另一方面又接受了西方近代的科学方法,为20世纪早期中国近代的实证史学奠定了方法论基础。

第四,20世纪的中国历史学高扬爱国主义精神。进入20世纪,帝国主义对中国的侵略更加凶狠,北洋军阀和国民党政权的统治更加残暴,内忧外患,民不聊生。中国先进的知识分子目睹时局艰危、民生疾苦,慷慨以拯救天下为己任。除了在政治、军事、实业、教育等领域努力有所建树外,在学术领域中也矢志钻研,苦心探索,为的是探寻救国的道路、立国的精神。中国的近代历史学在这风雨如磐的艰难岁月中诞生和成长,具有反对帝国主义和封建主义,企盼祖国独立、民族振兴的本性。因此,20世纪的中国历史学家绝大多数是爱国主义者。梁启超早年参加了戊戌维新运动；章太炎是辛亥革命中的战士；陈垣在日伪统治下的北平著《通鉴胡注表微》，表彰民族大义和道德意识；顾颉刚创办杂志《禹贡》，研究和歌颂祖国的大好河山，都表达了爱国主义的心声。至于郭沫若、翦伯赞等在抗日战争时期，以笔墨为刀枪，描述宋史、南明史，歌颂了屈原、文天祥、史可法、夏完淳等不屈的民族英雄，鼓舞了全民族英勇抗战的精神。20世纪的中国历史学，中国近代史的研究发展很快，其原因之一是中国近代史是一部反帝反封建斗争的历史，一部振兴国家、高扬爱国主义的历史，其中充满着激昂壮烈的斗争史实、坚贞不屈的英雄形象与丰富宝贵的经验教训，可以鼓舞和教育中华儿女为争取美好的明天而忘我工作、勇敢拼搏，因此得到历史学家的特别关注。

第五，20世纪的中国历史学，在各个分支学科中进行开辟和创造，有重大建树，建立了历史学全面、系统的学科体系。中国传统的历史学成绩很大，是极为丰富的宝贵遗产，但也存在很大缺陷。一是封闭性，古代中国毕竟是处在东亚一隅的、自给自足的封建农业社会，它和世界虽有联系，但联系非常之少。在当时中国人的观念中，中国是天朝上国，其他国家和民族都是文明程度低下的"蛮夷之邦"。在封闭环境中形成封闭的历史观，只知有中国史，不知有世界史，闭目塞聪，坐井观天，不能正确地认识自己和其他国家在世界上的地位。二是在传统的中国史中，英雄史观、个人史观占主导地位，传统史书大多记载帝王将相的活动，对经济发展、社会结构、文化活动、大众生活记载很少。三是传统史书线条简单、内容狭窄，主要是政治史和军事史，缕述王朝之兴衰更迭，较少涉及社会多线的立体层面。故梁启超批评传统史学说："前者史家不过记述人间一二有权力者兴亡隆替之事。虽名为史，实不过一人一家之谱牒。近世史家必探察人间全体之运动进步，即国民全部之经历及其相互之关系。"(《中国史叙论》)20世纪的中国历史学克服了传统史学的封闭狭隘观念，大大扩展了研究范围，把对世界各国的历史研究提上重要日程，形成世界史、中国古代史、中国近现代史的研究鼎足三分的局面，又重视历史上的经济发展、文化思想、社会结构与社会变动，以及下层民众的生活、思想、信仰、习俗以及众多少数民族的发展，使得历史学的涵盖面更加广阔，内容更加丰富全面。除了中国政治史、军事史以外，还包括了世界史、经济史、社会史、文化史、外交史、民族史、大众生活史等各方面，形成了包括各类通史、断代史、地区国别史、专门史以及史学理论、史学史、历史文献学等分支在内的完整的历史学体系。

第六，在20世纪，新史料大批发现，其质量之高、数量之多，远远超过以前任何朝代的发现。19世纪20世纪之交发现了殷墟甲骨、敦煌文书。此后，明清档案为世人所知，战国秦汉的竹简木牍相继出土。新中国成立以后，各地考古发掘大规模展开，古代墓葬、器物、竹简、帛书、殉葬物、工艺品大批出土，大大促进了历史研究，改变了单靠传世文献探知古代历史的局面。还有，流落在海外的古籍与史料传回国内，西方人士有关中国的记录、报道，国内少数民族文字资料，如满文、蒙古文、藏文、维吾尔文以及西夏文、契丹文、女真文史料的发现、运用，近代档案、文集、方志、笔记、报刊的整理和出版，给历史研究提供了丰富珍贵的资料，使从前沉埋未知或争论不决的历史问题有可能得到解决。史料的发现、搜集、整理、考证是历史研究的基础工作。许多学者都很重视史料。傅斯年曾经说过，史料即是史学。这话未必全面，但强调史料的重要自有合理性。历史研究必须从大量的、确凿的史料出发，缺乏史料就不可能建立历史学的辉煌殿堂。20世纪的许多历史学家，长年累月，孜孜不倦，毕生从事史料的整理和考证，做了很重要的工作，他们的劳动理应受到尊重。

史料的发现、整理、考证关系到历史学的盛衰和历史学分支学科的建立。20世纪历史学之所以兴旺发达，取得巨大成绩，除了历史观、方法论的原因外，大量新史料的发现也是一个重要原因。安阳殷墟的发掘大大推进了殷商史的研究，并使甲骨学得以诞生。大批战国、秦汉、三国竹简的出土，推进了上古史的研究，使简牍学得以诞生。敦煌藏经、文书、壁画的发现推进了中国中古史的研究，使敦煌学得以诞生。故宫明清档案的公开于众，推进了明清史、近代史的研究，使中国历史档案学得以诞生。20世纪内，古代史料的大批发现是历史上从未有过的。汉代曾经在山东孔府的墙壁中发现了古代典籍，西晋时在汲郡的战国魏墓中发现过《竹书纪年》，此外各地零散地出土了一批钟鼎石刻，但其重要性不能与20世纪的发现同日而语。20世纪，在史料的发现、整理方面是得天独厚的丰收的世纪。

20世纪前半期的历史学家，处于社会剧变和转型时代。鸦片战争以后，中国遭受帝国主义的侵略，民族前途陷入危机。先进人士为寻找国家致弱之因、探求富强之道，必然要回顾历史，用新的观点和方法审视、研究中国的过去，其目的是寻求现实的出路、创造美好的未来。就像郭沫若所说:"对于未来社会的待望逼迫着我们不能不生出清算过往社会的要求。古人说'前事不忘,后事之师'。认清楚过往的来程也正好决定我们未来的去向。"① 当时中国社会的剧变和西方文化的输入,使他们的思想产生了飞跃,再也不能满足于传统的史学观念与方法,必须走新的道路,用新的观点与方法重新诠释全部的中国历史,中国近代历史学遂呱呱坠地。

中国20世纪的历史学分成两个部分,一部分是实证史学派,一部分是马克思主义史学派。

近代第一位起而呼唤新史学诞生的是梁启超。他批评了传统史学的弊端和不足,提倡近代的史学观念和方法,写了历史研究方法和学术文化史方面的著作。他是中国近代历史学诞生的助产婆。王国维、陈寅恪、陈垣、胡适、顾颉刚、钱穆等继承了乾嘉派的余绪,又吸收了西方实证主义、实验主义的观念与方法,对上古史、中古史、蒙古史、宗教史、中外交通史、哲学史、小说史、学术思想史、历史文献学、历史地理学等做了多方面的开创性研究,为实证史学奠定了历史地位,对中国历史学界影响甚大。

20世纪是中国传统的历史学向近代历史学转变、迈进的时期。如何对待传统一直是20世纪学术界包括历史学界的重大课题,既要破除传统,背离传统,超越传统,又要归依传统,认同传统,继承传统,20世纪中国历史学就在这二者之间徘徊摆动。中国传统的封建思想禁锢人们的头脑已久,人们渴望从封建思想

---

① 郭沫若:《中国古代社会研究》"自序",上海书店出版社,1989年。

中获得解放,创造新生活。因此,人们在不同程度上都会叛离传统,向西方学习新观念、新方法,向传统挑战。五四是最激烈地反对旧传统时期,吴虞、钱玄同等主张打倒孔家店。李大钊说:"孔子者数千年前之残骸枯骨也,历代帝王专制之护符也。"[1]鲁迅借狂人之口说,中国历史"满本都写着两个字,是'吃人'"[2]。梁启超说:"若二十四史,真可谓地球上空前绝后之一大相斫书也。"(《新史学》)由于当时尊孔复古势力很大,儒家思想尚是阻碍中国进步的主要障碍,20世纪早期的历史学家对之做猛烈的抨击,自有必要性与合理性。但思想文化方面不可能长期摒弃历史遗产,此后不久,清华研究院和中央研究院历史语言研究所成立,表现出回归传统的倾向,一批学者致力于融合中西学术,继承和发扬中国的传统文化。王国维说:"中西二学,盛则俱盛,衰则俱衰……未有西学不兴而中学能兴者,亦未有中学不兴而西学能兴者。"(《国学丛刊·序》)陈寅恪说:"其真能于思想上自成系统,有所创获者,必须一方面吸收输入外来之学说,一方面不忘本来民族之地位。"其实,五四运动中反传统的战士们都受过充分的传统文化的教育和熏陶,既熟读经史,又精通西学,可称学贯中西、通晓古今。他们一方面认为传统文化从总体上说不适应近代要求,必须进行批判;另一方面又认识到传统中蕴含着珍贵的宝藏,需要发掘、继承、利用。如鲁迅开创了中国小说史的研究和辑佚;胡适提倡整理国故,做了思想史、文化史方面的许多考证;郭沫若研究了古代社会和先秦诸子;等等。

---

[1] 李大钊:《孔子与宪法》,《李大钊选集》,第77页,人民出版社,1959年。
[2] 鲁迅:《狂人日记》,《鲁迅全集》第1卷,第425页,人民文学出版社,1981年。

20世纪除了实证史学以外，还有一部分历史学家传播和运用马克思主义。20世纪20年代，李大钊出版《史学要论》，系统地介绍马克思的唯物史观、剩余价值论和阶级斗争学说。1930年，郭沫若出版了《中国古代社会研究》，用马克思主义结合大量考古和文献史料，第一次揭示了中国古代社会的发展规律，为历史研究开辟了新天地。此后，范文澜的《中国通史简编》与《中国近代史》二书，对整个中国历史做了全面的阐明，教育了当时千百万革命者和后代的历史学家。还有翦伯赞的《历史哲学教程》，系统地阐述了唯物史观的理论和方法。他们的研究成果为20世纪中国马克思主义历史学的发展奠定了基础。

20世纪前半期的实证史学和马克思主义史学，在历史观、方法论上有根本的不同，因此，二者对历史学的功能、历史研究的重点以及许多具体历史问题，有不同的看法。但二者之间也有许多重要的相通之点，如进化史观、理性主义、爱国主义、求实精神等。马克思主义史学吸收了实证史学的优点并加以发展。过去，用资产阶级历史学和无产阶级历史学区别这两个学派，用阶级属性标识某个学派和某种学说，这未必十分确切。阶级属性是由经济和政治地位决定的，知识领域里的阶级划分要复杂得多。很多知识带有普遍真理的性质，为各个阶级所认同。自然科学即属此类，它没有阶级性，不存在资产阶级的物理学和无产阶级的物理学。社会科学虽有所不同，但其中也包含与自然科学相类似的真理性知识。历史所提供的许多经验和智慧，任何阶级都可以借鉴，并不是对某个阶级才适用，对别的阶级就不适用。历史经验、历史智慧中的很大部分可以超越时空，超越阶级，成为全人类的共同财富。王国维、陈寅恪的研究成果，今天我们仍承认其价值。马克思主义学派与其他学派之间有一个相互学习和继承的问题。郭沫若的研究成果是在王国维、罗振玉的研究基础上，经过自身的努力而取得的。范文澜是黄侃的弟子，而黄侃又是章太炎的学生。梁启超、王国维、陈寅恪、胡适等除学习了西方的治学思想与方法，又和中国过去的乾嘉学派、公羊学派有密切关系。研究20世纪的中国历史学不能割断学术上的传承和联系，简单地把历史学家们置于相互对立的营垒之中。

中华人民共和国成立以后，马克思主义成为新中国各项工作的指导思想，历史学界热烈学习和运用马克思主义。在此以前的大学讲坛上，马克思主义者占很少数，而且是不合法的。新中国成立以后，马克思主义才占领了史学阵地。马克思主义把人类历史看作有规律的客观过程，不以主观意志为转移。它坚持以社会存在解释社会意识，坚持经济基础对上层建筑的决定作用，坚持人民群众在历史上的作用，把历史研究提高到科学的水平。新一代的历史学家们在马克思主义指导下努力在历史学的各个领域，建立了各个分支学科，形成了一支浩浩荡荡的史学队伍。历史学界在"百家争鸣"方针的指导下，讨论了中国古代史分期问题、中国近代史分期问题、封建土地所有制问题、农民战争问题、资本主义萌芽问题、少数民族史问题、历史主义与阶级观点问题，发表了各种不同意见，提高了思想认识，活跃了学术空气。新中国成立以后的17年间，出现了一些有水平、有特色的历史著作，如范文澜的《中国通史简编》修订本、郭沫若的《奴隶制时代》《中国史稿》、翦伯赞的《中国史纲要》、尚钺的《中国历史纲要》、罗尔纲的《太平天国史稿》、胡华的《中国革命史讲义》及其他通史、断代史、专门史著作。

十七年间，中国历史学继承了上半个世纪马克思主义史学的传统，并吸收了实证史学的成果，取得的成绩是十分巨大的。但是，也产生了严重的失误和弊端，主要是：接二连三的政治运动严重地干扰了学术界，把学术问题当作政治问题进行批判，混淆了界限，挫伤了历史学家的积极性。"左"的倾向十分严重，教条主义、简单化、公式化盛行。"以阶级斗争为纲"，在史学领域表现为拔高历史上农民战争的地位，每个朝代都以农民战争打头。农民战争史几乎代替了整个的中国历史。不但帝王将相被打倒，连陶渊明、杜甫、苏轼这些著名的诗人、文学家也失去了光彩。到"文化大革命"中，甚至农民起义的领袖很多也被打倒。项羽出身贵族，自应在被贬之列。刘邦、朱元璋后来背离农民，蜕化为地主阶级。李密投降了唐朝，宋江受招安，李秀成成了叛徒，都受到了批判。历史人物大多被否定，中国历史上一片黑暗，历史内容贫乏干枯，文化遗产被无情践踏，令人浩叹，发人深思。

"文化大革命"即是从历史学界打开缺口的，对吴晗《海瑞罢官》的批判拉开了"十年浩劫"的序幕。此后，历史被践踏、被滥用，是非颠倒，黑白不分，影射史学流行，全民"批林批孔"，学习儒法斗争，批《水浒传》、批宋江，历史学成为"阴谋家篡党夺权的工具"，给国家和人民带来了巨大的灾难，也玷污了历史学的科学性和声誉。

这里，不能不提到历史与现实之间的关系，这是 20 世纪历史学汲取的重要教训之一。历史与现实是相联系的，现实由历史发展而来，历史学从根本上说要服务于现实。历史学如果不食人间烟火，对现实不发生任何作用，就会失去生命力而萎缩消亡。历史学的基本功能是揭示历史规律，提供历史经验，启发人们的智慧，提高人们的文化素质。在某种意义上，人类的知识都是历史的，都是对过去经历的经验总结。"鉴古而知今"，人类总是从过去了解今天，进而开拓未来。一个国家、一个民族，如果忘记了自己的过去，也就失去了今天和未来。但是，为现实服务，必须以尊重历史事实、尊重客观规律为前提，必须尊重历史学自身的科学性。只有实事求是，按照历史的本来面目揭示真相，才能昭示真理，给人们以真知和新知，推动人类的进步。任何以现实需要为借口，随意剪裁历史都是不允许的，都是对历史的歪曲和篡改。历史学要保持相对的独立精神，不能变成政治的侍婢。

中国历史学经历了"十年浩劫"，从一片文化废墟中走出来，经过拨乱反正，迅速地恢复发展，呈现出蓬勃生机。大学的历史教育重新恢复，走上正轨，培养了大批博士生、硕士生、本科生、师范生，新一代的史学工作者大批成长。"文化大革命"压抑下的积极力量，一旦被解放，就势如春潮奔放，形成生动、活泼、繁荣的局面，教条主义在很大程度上得到纠正，研究禁区被冲破，外国史学理论被大量引进，各种学术意见畅所欲言，百家争鸣，各种观点和体裁的史书络绎出版。改革开放20年来，累计出版的史学著作、回忆录、地方史、资料集有2万多种，各类史学文章不下20万篇[1]，研究工作得到长足的进展。

---

[1] 据《中国历史学年鉴》历年记载。

近二十年，中国历史学处在一个新的反思和探索时期。一是经过"文化大革命"，接受了深刻教训，人们在反思20世纪中国历史学经历的曲折道路、取得的成绩、存在的问题，何以历史学一度被"四人帮"作为篡党夺权的工具？人们经历了前一段的灾难，才会有后来的清醒。二是新中国成立以后的将近30年间，由于国际国内的政治环境，中国史学界与国际史学界几乎隔绝，不了解国际历史学的动态和新发展。改革开放以来，人们思想解放，认识活跃，对于外国的各种学术流派，诸如德国和英国的文化形态史学、法国的年鉴史学、美国的边疆史学，以及近代化史学、计量史学、社会史学、心理史学、比较史学都感到很新鲜。外国史学在理论、方法和研究成果方面有不少可资借鉴的地方，许多史学家翻译介绍国外的史学流派和动态，试图探索中国历史学发展的路径。三是中国面临从计划经济向社会主义市场经济的转变，经济体制的巨大变革给思想文化领域带来很大冲击。历史学如何适应形势的变化，激发新的活力，保持发展的势头？尤其是苏联、东欧国家发生巨大的变故，马克思主义历史学受到严峻挑战，马克思主义理论是否已经过时？今后还要不要坚持？怎样坚持？这些重大问题，摆在了世纪之交的中国历史学家面前。

20世纪的中国历史学即将走完百年路程，跨进21世纪。在新的世纪，我国的社会主义建设将沿着邓小平理论指引的道路更快前进，国民经济将走上一个新台阶。从小康社会向着富裕社会迈进，更加需要加强社会主义精神文明建设。中国是个历史悠久、文明灿烂的国家，在近现代又经历了漫长、崎岖而独特的道路，将成为世界上最强大的国家之一。历史科学作为社会的记录,是先辈们实践经验、成就和创造性文明的贮存库,人类可以从中汲取智慧和力量。中国独立地发展起来的华夏文明和独特地走向社会主义的经验将能极大地丰富世界历史文明的宝藏。在21世纪会有许多重大的历史课题和文化工程被提上日程,如编写大型的中国通史、大型清史、大型中华民国史、大型中共党史、大型中华人民共和国史,并加强对中国古代史、近现代史、世界史和各种专门史的研究。社会将更加关注历史学的发展,会有巨大的人力、财力投入,会涌现大批历史学家,会有许多精品佳作问世,将从历史上开发出更多更好、符合群众需要的精神产品,中国历史学将迎来阳光灿烂的新世纪。

马克思主义是21世纪指导史学研究的理论武器。马克思主义是科学的体系,给我们提供研究的立场、观点、方法,使主观认识更加符合历史实际。尽管人们在学习和运用马克思主义时发生过这样那样的偏差,但20世纪的中国历史学正是在马克思主义指导下取得如此巨大的成绩的,完成了从传统史学向近代史学的转变。到21世纪,马克思主义、毛泽东思想、邓小平理论仍将引导中国历史学迅速前进,再创辉煌。马克思主义不是宗教,将在社会主义建设过程中不断丰富、发展。它依靠自身的理论威力确立指导地位,而不是靠行政手段发号施令。它允许各种学派、各种理论存在和发展,将和非马克思主义的理论、学说展开讨论,百家争鸣,明辨是非,从中汲取营养。马克思主义本身就是一个开放的学派,它在产生时期,吸收了德国古典哲学、英国古典政治经济学、法国空想社会主义的合理内核。"有容乃大",我们只有批判地吸收全人类文化中的营养,才能发展马克思主义，而不能唯我独尊、排斥异己、故步自封。只有坚持马克思主义，才能发展马克思主义，而马克思主义又必须在发展中才能很好地坚持。如何正确对待各种学术流派和学说，是21世纪马克思主义面临的重大问题。解决好这一问题，马克思主义才能青春常驻，马克思主义历史学才能保持强大的生命力。

21世纪的中国历史学将更加拓宽研究领域。当前，历史学同社会科学的其他学科以及自然科学相互交叉、渗透、融合，科学研究呈现整体结合的趋势，一些边缘学科、交叉学科方兴未艾，诸如社会史学、人口史学、生态史学、心理史学、城市史学、计量史学正在崛起。由于跨学科的研究，历史学从其他学科借用了新概念、新模式、新方法，扩大了自己的研究范围，将真正全人类生活发展的整个过程纳入了历史学研究的视野，致力于通史研究与专史研究的结合，致力于宏观研究与微观研究的结合，不再局限于条块分割，不再满足于政治、经济、文化鼎足三分的格局。这将使整个世纪的历史学克服内容狭隘、选题单一、方法陈旧的缺陷，有利于历史学改变面貌、焕发青春。

21世纪的中国历史学将把20世纪的近现代史作为研究重点，而予以特别关注。尽管尘埃尚未落定，盖棺犹难定论。人们惯常要考察昨天的事件，从刚刚过去的历史中寻找经验，获取教益，增长智慧。因此，近现代史永远显示出新鲜的光泽和永久的魅力。历史学家总是努力克服收集资料的困难，冲破禁忌，越过雷区，投身于近现代史的研究，试图对刚刚完成的历史过程做出科学的、合理的阐释。司马迁作《史记》，一直写到刘邦、项羽和《今上本纪》。司马光作《资治通鉴》，隋唐五代史部分写得最为详尽,最为用心,篇幅亦最大。马克思所写的《路易·波拿巴的雾月十八日》更是研究当代历史的典范,恩格斯称赞说:"他对当前的活的历史有这种卓越的理解,他在事变刚刚发生时就对事变有这种透彻的洞察,的确是无与伦比。"[①]21世纪的中国历史学将深入研究20世纪的中国社会及其事件、人物、思想、制度,并做出公允的评价。20世纪是苦难的世纪,也是伟大的世纪,中国贫困、屈辱,进而奋起抗争,富有慷慨悲壮、可歌可泣、催人奋进的内涵。人的痛苦、人的力量、人的价值,表现得淋漓尽致。21世纪的历史学将透视、描摹、再现这个伟大的时代,给后人以深刻的教育。

历史学的繁荣常常和新史料的发现、公布有关。我国历史悠久,还有许多未为人知的重要史料隐藏在各处,如深埋在地下的古代陵墓、城垣、民居、实物。随着基本建设的进展,考古发掘将会有重大的收获。即拿现存古籍来说,亦数量众多,浩如烟海,分散庋藏于全国各地,至今尚无精确统计,更谈不上整理、出版和利用。21世纪将会对存世古籍进行全面清查和大规模整理,这批丰厚的文化遗产将推动历史研究更快前进。近现代档案是研究近现代历史最重要的史料,汗牛充栋,现尚深藏库中,许多文件有待解密公开。至于外国资料,分散在世界各国,用各个国家的语言写成,数量浩瀚,情况复杂,亦需要弄清藏地、数量、类别,进行认读。总之,21世纪,将有大量史料需要挖掘、整理、刊布、利用,将要投入大量人力和财力。大规模的史料整

[①]《马克思恩格斯选集》,第1卷,第601页,人民出版社,1956年。

理工作，将是历史学繁荣的起点。

随着科学技术和电子信息的发展，历史研究的观念、手段、工具正在发生重大革命。这将给 21 世纪的中国历史学带来难以估量的影响。利用电子计算机寻找、积累、贮存历史资料将极大地减轻史料工作的劳动强度，使浩繁的史料得到方便而充分的利用。通过对计算机整理出来的数据进行分析，用统计图表和数字公式显示某种历史趋势，将使研究工作更加规范化、科学化，以弥补研究中例证性和罗列性的不足。我相信，高科技手段的应用和推广将使历史研究跨入广阔的新天地。

尽管在 21 世纪，中国历史学将会有很多发展的新机遇，但历史学要前进，最重要的是靠历史学家素质的提高和主观的努力。我们应该深入学习马克思主义、毛泽东思想、邓小平理论，用以指导历史研究工作，要树立勤奋钻研、孜孜不倦、淡泊名利的敬业精神，要坚持实事求是、秉笔直书、史论结合的优良传统，要发扬谦虚谨慎、戒急戒躁、严肃认真、尊重学术规范的学风。这样，21 世纪的中国历史学就一定能繁荣昌盛，为建设我国社会主义精神文明做出重要贡献。

第二辑 清代的中国与世界

满族兴起的精神力量[1]

满族是女真族的后裔。女真族历史悠久，源远流长，曾建立了与宋朝对峙的金朝政权。岁月星河，山川巨变，1234年，蒙古铁骑踏平了金朝京城，女真族流落于白山黑水之间。三大部族沿江而居，建州居牡丹江，海西住松花江，野人布黑龙江，各立山头，不相统属，势力衰微，陷入了发展的低潮时期。

历史的车轮慢慢前行，到16世纪末叶，迎来了民族再兴的机运。1583年，建州女真的英雄努尔哈赤起兵攻打尼堪外兰，开始了统一女真各部的事业。二十多年的统一战争，联海西、野人各部为一体，创八旗，筑都城，造人才，设议政，理诉讼，制满文，奠定了日后对抗明朝政权的基础。1618年努尔哈赤以"七大恨"发檄征明，攻城略地，使明朝疲于奔命。1644年满族挥师入关，败李自成、张献忠，灭南明小朝廷，建立了大清王朝，成为全国的统治力量。

满族崛起于青萍之末，力量可谓弱小。努尔哈赤发兵征战，最初只有遗甲13副，聚合胞弟舒尔哈齐的兵力也不过1.5万人，估计全部满族也只在六七万人。到满族入关，挥师南下之际，

---

[1] 原载于《满学研究》第五辑，民族出版社，2000年。

整个满族人口估计为 60 万人。然而它面临的强劲对手是疆土广阔、物产丰饶、人口众多的明朝,记录在册的人口就达到了 7000 万,实际数目要逾 1 亿之多,几乎是满族的 200 倍!两者相比,简直不可同日而语。然而,满族居然在半个世纪的时间内,发奋图强,潜滋暗长,壮大力量,最终打败了曾经仰视数百年的明朝政权,开 268 年统治中国之基业。这不能不被称为历史奇迹,也是历史发展之谜。

剖析历史奇迹,破解历史之谜是史家义不容辞的职责。多年以来,治史者析史料、调视角、分层次、构框架,梳理出明灭清兴的种种因素。从明朝一方来看,政治腐朽,内耗争斗,实力消磨;农民起义波澜壮阔,风起云涌,削弱了国力;吏治腐败,辽东政策失误,自毁长城。再从满族一方来看,努尔哈赤、皇太极、多尔衮等杰出人物接连而出,代有人杰;内部适应于急剧变幻的社会大势,组织结构全方位迅速调整;实施了正确的军事战略与策略。凡此种种,都可看作满族取得胜利的原因。但我认为:满族崛起的最为重要的因素在于精神力量。充满蓬勃朝气、奋发向上的满族,托起了民族的脊梁。艰苦拼搏,百折不挠,以少胜多,以弱胜强,直至创建全国政权,精神力量是不可或缺的根本因素。这种精神因素表现在四个方面。

一、骑射尚武的精神

满族散居东北沃野,山林茂密,草场广阔,形成狩猎与农耕并重、锄镐与骑射并举的社会习俗。1601 年,努尔哈赤创建八旗制度，融军政体制为一体，突出八旗制度的军事特征，培养满族骑兵勇猛剽悍、奋勇拼杀的尚武精神。激战萨尔浒，五日三战，勇猛顽强，铁骑如风卷残云；攻打锦州，三次增兵，不惧死亡，亲王贝勒冲锋陷阵，身先士卒；八旗铁骑金戈铮铮，旌旗猎猎，所至无不披靡。人数虽寡，但能够战必胜、攻必克。尚武精神锻造了一支勇猛顽强、意志坚定的民族力量。没有这种尚武精神，满族凭什么与强大的明朝对抗呢？

二、民族凝聚的精神

女真本是分散的部落，建州、海西、野人互相征伐，部落之间的侵扰连绵不绝。然而，努尔哈赤统一女真各部，诞生了满族之后，满族从此像被注入了一种神奇的活力，整个民族呈现出前所未有的向心力，捐前嫌，释旧怨，重团结，产生了影响久远的民族凝聚力。新兴的满族，内部团结坚如磐石，表现出极强的坚忍性。当然，满族上层不乏争权夺势、互相倾轧之人。努尔哈赤起初与弟舒尔哈齐共领建州，各自拥有自己的部众与财产，不相上下的实力促使舒尔哈齐频频挑战努尔哈赤的权威，受挫后企图率众出奔，摆脱努尔哈赤的控制。努尔哈赤果断囚禁舒尔哈齐，扼分裂势态于萌芽之中。皇太极承续大统，最初与代善、阿敏、莽古尔泰三大贝勒共同分享权力、人口、财产，位势相埒，后来皇太极从打破旗主专权入手，进而幽禁阿敏，降格莽古尔泰，处罚代善，独领正黄、镶黄、正蓝三旗，兵不血刃，剪除异己势力，恢复汗位权威。皇太极死前未指定继承人，于是两黄旗拥立的豪格和两白旗推出的多尔衮势同水火，以至于皇太极驾崩之际，双方调兵戒备，几乎同室操戈。结果两王妥协，拥立福临（即顺治帝）。满族的发展躲过分裂的劫难，汹涌奔腾，迎来了世所瞩目的康乾盛世，从而把中国两千年来的封建社会的发展推向了顶峰。

满族上层矛盾的成功化解，是民族凝聚力的典型体现。在面临关内强劲对手的形势下，顺大局，识大体，使内部争斗规限在家族范围、言辞交锋的程度之内，严格控制矛盾的激变与扩大，力图以妥协让步的办法化干戈为玉帛，于事态初萌之际一朝化解，从未演成巨大的民族内部动荡，动摇民族延续的根本。这种克制上层矛盾的广度与深度，关注民族大局的精神，保障了满族草创政权之初，能够几经风霜雨雪，却依然坚定不移地向共同的目标奋进。200多年后，太平天国统治集团未能很好地把握内争的分寸，洪、杨政争引发了一系列的流血事变，数万将士没有战死在抗清的疆场，却死在自相残杀的"天国"土地上，因而战斗力衰落了，凝聚力散失了，元气大丧，一蹶不振。太平天国由盛而衰的史实，给后人以永远的警示。坚忍的民族凝聚力是满族崛起的关键。

三、团结包容的精神

满族不仅团结本民族共同发展，而且还包容其他民族，团结一切可以团结的力量，化部分敌人为友，削弱敌人，壮大自己，使力量对比逐渐彼消此长，把优势掌握在自己手中。

满族十分重视团结地域广大、实力超群的蒙古族势力，将如何处理好同蒙古族的关系看得至关重要。皇太极起初与蒙古族并不亲睦，曾派大军深入漠南，武力征服林丹汗，但随后皇太极会盟漠南蒙古于盛京，联络漠北蒙古喀尔喀三部。蒙古族归附，化敌为友，从此骁勇善战、疾如闪电的蒙古骑兵与八旗将士并肩作战。清朝初年满族通过藏传佛教（俗称喇嘛教）与蒙古上层深相结纳，满蒙一体，休戚与共，不仅稳定了后方，退有依托，而且极大地弥补了满族人口单薄、兵力不足的缺点，背靠满蒙，窥视中原，进攻退守，游刃有余。

汉族是满族最主要的敌对势力。努尔哈赤兴兵伐明，与汉族的民族矛盾上升到政治斗争的最高形式——军事战争。然而，满族并非只是一概固守民族观念，驱全部汉族人众与自己为敌，而是分化利用，凡是投降归附的文人士宦，位尊威崇，加以重用，范文程、李永芳、马光远、高士俊遂成为皇太极的左膀右臂。尤其范文程参与帷幄，领受机密，"每议大政，太宗（皇太极）必曰：范某知否"[①]，宠爱信任，无以复加！明朝武将，对峙疆场，生死鏖战，性命相搏，可谓仇深似海。孔有德、耿仲明、尚可喜、祖大寿、洪承畴、吴三桂都是明朝辽东能将，数度与八旗狂飙殊死厮杀，筑起明朝的辽东屏障。但这些人投降之后，皇太极即广为包容，收编重用。满族团结包容其他民族力量，变消极因素为积极因素，削弱敌人，壮大自身，故能以弱胜强，统治全国。

---

① 李果：《在亭丛稿》卷六《范文肃公传》。

四、学习先进的精神

满族初兴，文明低下，狩猎稼穑，仅供所需，领主部落，尚处于奴隶制度时代。但满族不因循守旧、拒绝先进，而是虚心学习、剔劣纳优，加速文明进化的步伐。红衣大炮由西方传教士引进，威力巨大，杀伤力强，曾使努尔哈赤在宁远城下受挫。清兵日后缴获该炮，悉心研究，俘虏明朝降将降卒仿造大炮，也拥有了攻城利器。满族与汉族，属文明阶段的两个层次，差距甚大。但满族不故步自封，而是倾心学习，承续明朝体制，吸纳汉族文化、典制中的先进部分，结合本民族的特点，创设出符合历史发展的文化传承、典章制度。女真文字已不通行，努尔哈赤遂命额尔德尼、噶盖两人仿蒙古文为字，以女真语为音，创制了老满文，尽管文法不备，缺点甚多，但文字的创制推动了女真社会向更高文明迈进。

儒家学说长期被奉为封建王朝的治世经典，满族入关即派官祭祀孔子，允许孔氏后代袭衍圣公。入关随俗，尊孔崇儒，笼络汉族知识分子，恢复科举取士，给饱读诗书的士子以"学而优则仕"的出路，淡化了他们心中滋生出的恋明反清的情绪。

清朝初兴，追踪先进，倾心学习，即使是自己的敌人，只要优而有长，亦纡尊求教，虚心仿制。这种海纳百川的胸怀和如饥似渴学习的精神，使满族在半个世纪的风雨征程中，从小到大，从弱到强，最终建立了全国政权。

朱诚如教授在《明清之际的历史走向》一文中说："一个天崩地裂，天下大乱的时代，谁抓住了机遇，就会赢得胜利。"的确,明朝覆亡赋予李自成大顺军、张献忠大西军、南明政权、东北满族四方以平等的机遇。四方角逐,表面上拼打的是政权体制、后方补给、军事战略等浅表因素,实际上较量的是综合素质,而具有拼搏向上、锐意进取的一方无疑能够超乎其他三方,抓住历史机遇。李自成大顺军入城之后,追赃逐利,沉湎陶醉,失去进取之心。张献忠大西军杀戮过甚,树敌众多,矛盾重重,分崩离析。他们都抓不住历史机遇。南明政权偏处一隅,安于现状,惰性充盈,锐气全无,更不能抓住历史机遇。而满族凭借骑射尚武、民族凝聚、团结包容、学习先进,故能在历史机遇来临之际,因时乘势,席卷全国,取得全面胜利,这绝不是历史偶然的偏爱,而是历史必然的结局。当然,清朝统治后期,钟鸣鼎食的优裕生活消弭了满族优秀的精神品格,满洲贵族腐朽堕落,已经成为社会发展的阻碍,失去了早期的精神力量。辛亥革命,义旗高举,满族政权灭亡也是必然的。"其兴也勃焉,其亡也忽焉"。历史公平地对待每一个统治政权,关键在于其能否自觉自强,适应历史的趋势,大踏步前进。

毛泽东曾经说过,人总是要有一点精神的。一个民族的崛起,一个社会的复兴,固然需要物质力量丰厚,军事实力强大,更重要的是要有精神力量的支撑。一个萎靡不振、腐败丛生、不思进取、见利忘义、舍本逐末的群体是不会有远大前途的。中外朝代更迭几乎如此,概莫能外,显示出一个兴衰更替的社会规律。

满族精神力量在几个世纪的凝结与衰微的变迁历程,并由此精神力量所导引的清朝历史轨迹,给了我们发人深省的启示。

论康乾盛世[1]

一、中国在康雍乾时期的成就

康熙、雍正、乾隆三个皇帝，共统治中国134年。康熙在位61年，雍正在位13年，乾隆在位60年。这在中国历史上是个非常繁荣的时期，政治安定，中原地区没有大的战事，经济发展迅速，老百姓的生活比较宽裕，史称康雍乾盛世。在中国几千年的历史中，盛世并不多见，可以称得上"盛世"的大概有三个时期：第一个是西汉"文景之治"到汉武帝、昭帝、宣帝统治的时期，大约在公元前179年到公元前49年之间，约一百三十年；第二个为唐太宗"贞观之治"到唐玄宗开元年间，一百二十多年；第三个盛世就是清朝的康雍乾盛世，从康熙元年到乾隆六十年，长达134年。这三个盛世的共同特点是国家统一，中原内部战事较少，社会安定。比较这三个盛世，传统的观点认为汉、唐比较繁荣，但我个人认为，康雍乾时期的繁荣程度超过了汉唐盛世。为什么这样说呢？

首先，从农业方面来看。中国很少统计数字，但从人口数字上可以看出，但凡盛世，人口就不断地增加。汉朝盛世，人口最

---
[1] 原载于《今晚报》，1997年4月29日。

高峰是6 000万人。唐朝盛世，大家比较认同的人口数字是8 000万。康雍乾时期，到了乾隆时中国人口将近3亿，远远超过汉朝、唐朝的人口数。到道光年间，中国有4亿人口。从道光到近代，人口没有什么增加，当时我们是四万万同胞，到新中国成立前也还是这个数。人口增加是盛世的一个重要标志，因为人口的增加意味着粮食产量的增长。中国的封建社会是农业社会，以农业生产为主，产粮多寡是衡量繁荣与否的重要标准。乾隆时生产的粮食能够养活3亿人，而汉朝能够养活最多6 000万人，唐朝能够养活8 000万人。可见，从农业发达程度上看，乾隆时期的成就远远超过汉、唐。以上是从纵向来比较的。下面再从横向上将中国与当时世界上其他国家的情况做比较。当时世界上有9亿人口，中国养活了3亿，相当于全球人口的1/3。其余6亿分布在亚洲、欧洲、美洲、非洲、澳洲的几十个国家，除了印度、俄罗斯、奥斯曼这三个大国，大部分是中小国家。俄罗斯虽然刚刚侵占了辽阔的西伯利亚，但那里是个人烟稀少的地方。印度当时也仅有1.4亿人口，远远比不上中国。再看看其他中小国家，英国当时人口2 800万，连中国的1/10都不到。美洲人口就更少了，大多是欧洲的移民。当时中国农业生产水平是世界最先进的。18世纪末，英国一位农业科学家随马戛尔尼使团到中国考察发现，在中国种下一粒麦种可以收获15粒麦子，而在英国只能收获10粒麦子。农业技术发达、农业品种多样化以及农业产量高，使中国农业成为近代农业出现以前较先进、较发达的农业。

其次，从工业方面来看。康雍乾盛世的工业水平很发达，对外出口丝绸、瓷器、茶叶。苏州、杭州、南京、广州的丝织业很发达，民间有很多织机。19世纪初也就是乾隆以后，南京最大的织铺拥有五六百台机器、一两千名工人。以当时的工业发展水平来看，拥有这么多台机器是很了不起的事情了。另外，丝绸、土布、瓷器贸易非常兴旺。重工业方面，煤矿业和铜、铁工业都很发达，当时世界上其他地方都没有中国那么多的煤、铁和铜，云南的采铜工人有几十万之多。哪个国家当时有这样大的规模？根据保罗·肯尼迪《大国的兴衰》一书所说，1750年中国的工业产量占世界总产量的32%，而整个欧洲仅占23%。中国当时是个封建国家，但也和外国进行贸易，特别是广州。当年清朝一口通商，允许外国人在广州做买卖，外国人到广州来住在十三行，出售货物，卖的大多是原材料。中国一年的国内贸易量有4亿两白银。而1792年，当时的世界大国英国，海外贸易总值也只有1.7亿两，还不到中国国内贸易量的一半。康熙时，全世界超出50万人口的大城市有10个，中国占了6个，分别是北京、扬州、苏州、南京、杭州、广州，还有其他4个是伦敦、巴黎、江户和伊斯坦布尔。可见，中国当时不但是盛世，而且经济发达程度在世界范围内也是位居前列的。这一百多年，中国是世界上经济实力最强大的国家。

最后，从政治上取得的成就来看。康雍乾时期，最突出的成就就是巩固了中国的统一，形成了统一的多民族大家庭。这是非常了不起的贡献！今天中国的960多万平方公里土地、50多个民族，基本上就是在那时候形成的。康熙之前，中国四分五裂，经过长期战争，满族人取得胜利，统治了北京，控制了全国大部分地区。但南北各方势力被镇压下去以后，"三藩之乱"又起，占据了整个长江以南，各地方都响应吴三桂，四川、甘肃、长江以南都是他的地盘。这个时候很危险。后来，"三藩之乱"终于平息了。台湾省方面，自郑成功收复台湾后，台湾就由他的后人统治着，不臣服于清朝政府。北方的问题主要在蒙古。当时蒙古包括三部分：一是漠北蒙古，即现在的蒙古人民共和国；一是漠南蒙古，即现在的内蒙古自治区；还有一部分是漠西蒙古，以新疆伊犁为根据地。漠西蒙古的势力最为强大，把外蒙古全部打了下来，控制了青海、西藏和新疆南部地区，向东一直打到黑龙江呼伦贝尔草原一带。由于西藏与他们宗教相通，达赖喇嘛也跟他们的领袖噶尔丹勾结。当时，漠西蒙古的势力非常强，其控制的地方之大超过了清朝的统治范围，连今哈萨克斯坦都在其控制之下。这就是清军入关到康熙前期中国的情形。康熙打了10年战争，才基本统一了江南，平定了三藩，统一了台湾。南方刚刚平定，北方局势又变得紧张起来，俄罗斯侵入黑龙江，占领大片土地，大肆屠杀当地的居民。康熙立即把战略重点转移到北方，集中兵力，经过两次战争，把俄罗斯驱逐出去。俄罗斯军队规模较小，因为从他们那边过来要走一两年。莫斯科派来一个使团，足足走了三年。后来，中国军队开始让俘虏或传教士带信回去给沙皇，表示中国愿意谈判。俄国西境当时也有不少战事，打不起东边的战争，所以同意派个使团来和谈。1689年，中俄双方在尼布楚进行谈判，划清了中俄东段边界，从此中国东部边界保持了100多年的稳定，直到第二次鸦片战争爆发，俄国毁约，把这里的一部分中国国土抢走。这部分中国国土面积相当于法国和德国的土地面积。康熙、雍正、乾隆三代皇帝用了七八十年的时间打败准噶尔部，进入伊犁，收服了南疆。所以，清朝在政治上最大的贡献，在于把西北，包括西藏、新疆、青海、蒙古稳定下来。这些地区在明朝的时候，都游离在外。这场持久的统一战争意义非常大。100多年后，帝国主义入侵中国，我们不分民族，全国抗击，台湾抗日、东北抗日、新疆抗英、云南抗法……正是这100多年的整合时间，形成了中华民族的凝聚力量。没有这100多年的统一，近代中国会走向何方，不堪设想。是康熙、雍正、乾隆奠定了今日中国的版图，这是他们留给我们的珍贵遗产。

二、康雍乾时期的政策

为什么会出现康雍乾盛世？大概有几点原因：

第一，安定的社会环境。明末清初长期战乱，经济萧条，生灵涂炭，人口大量减少，土地荒芜，生产力低落，人心思治。康熙平定"三藩之乱"后，国内几十年没有大的战事，国家安定，天下太平。这是经济发展的前提。没有长期安定的局面，经济是不可能发展的。

第二，频繁的对外交流。虽然官方不愿与外国进行交流，但对外交流的形势是无法阻挡的。这种交流对中国有什么影响呢？高产作物得以在中国大面积种植。美洲的高产农作物白薯、玉米、花生是中国以前没有的，它们本是美洲的产物，在哥伦布发现新大陆后得以推广，明朝时传入中国，大面积种植则出现在清朝。康雍乾三位皇帝积极推广这些作物的种植，因为它们具有很多优势：一是产量大，种小麦一亩收成有一二百斤，种白薯一亩收成能有几百斤甚至上千斤；二是耐干旱，不用浇水；三是生命力强，在什么土壤环境下都能种植。这些国外农作物品种在中国的推广，促进了中国生产力的发展。17—18世纪，世界贸易大潮已经展开，中国被卷入其中，大家都抢着跟中国做生意。中国出口丝绸、丝织品、茶叶等丰富的物品。茶叶是18世纪中国最主要的出口产品，当时英国人吃早点都习惯喝茶，所以中国茶叶销量非常大，出口额居世界第一位。外国当时因为工业生产水平不高，可以出口到中国来的东西不多。所以，它们大量向中国输入白银，换回丝、茶、瓷器等。由于中国出口产品数量很大，据史料统计，1600年以后200年期间，全世界生产白银12万吨，有1/3，即4万吨流向中国。大量白银输入中国，促进了中国国内的贸易，当时中国国内外贸易比唐、宋、元、明时期繁荣得多，货币量的增加是个很重要的原因。

第三，发达的农业生产。清朝统治者比较顺应时势，不像元朝统治者那样，取得统治地位以后企图把整个中国都变成牧场。满族入关后积极学习汉族文化，采取了一系列有利于社会经济发展的措施。

一是奖励垦荒。明末清初，人口剧减，土地抛荒。明朝的藩王原本占据大量土地，他们在清人入关时跑的跑、死的死，致使土地大量抛荒。清朝政府规定，谁去开垦这些荒地，地就分给谁，而且努力为农民垦荒创造良好条件，没有种子的给种子，没有耕牛的借耕牛，没有房子居住的可以帮他们盖房子，还给予十分优惠的减免税政策。这等于是一次土地改革，对农业发展非常有利，使农业生产取得了很大发展。

二是兴修水利。这恐怕在历史上也是很少见的。之前的水利主要是为了防洪，历代统治者对于黄河、淮河、运河的治理基本不太重视。康熙年轻时，把三件事写在宫里的柱子上：第一是平三藩，第二是治黄河，第三是通漕运。当时北京官多、兵多、人口多，这些人吃什么是个大问题。而北方产粮不多，又没有河道运送，粮食很难运来，要求从南方经过运河向北京运送粮食。漕运不通，就会导致北京的恐慌，所以通漕运是件大事。治黄河更是大事，黄河经常泛滥。河南、安徽、江苏等产粮地区，黄河经常决口，发生水灾，到处水乡泽国，人民受害严重。清朝视治黄河为大政，花大批帑银，整治水利，筑堤浚河，赈济灾民，以缓和水灾，增加生产。

三是重视农业。现在中国第一历史档案馆保存着当年的粮食条子。当时规定每个县经常要上报当地的降水和粮价情况，还要区别粮食的等级，包括上档多少钱、中档多少钱、低档多少钱，这些上报材料就是粮食条子。现在这些粮食条子堆积如山。这些资料很宝贵，因为如此一来，各地气象和粮价一目了然，哪个地方下雨，哪个地方没下雨，都可以知道。

四是移民。中原地区地少人多，政府主张向边疆地区移民。当时的移民呈由中央向四周辐射之状：河北、山东向东北，山西、陕西向内蒙古，甘肃、四川向新疆，湖南、湖北向云贵地区，福建、广东向台湾。清初，边疆地区很多是游牧地区或荒漠地区，后来经过大规模移民，经济结构发生了变化，成为半农半牧。

五是改革赋税。中国农业社会的赋税历来由地税和丁税组成。地税就是按照土地多少缴税，丁税即人头税，即按人口数量计税。清朝推行赋税制度改革，实行地丁合一，按照土地面积来计税，实际上是取消了人头税。这对于老百姓尤其是穷人家十分有利，因为穷人家人多地少或无地，富人家人少地多就要多缴税。这对穷人、对国家长远利益来说是有利的。另外，康雍乾时期经常减免税赋，康熙年间减免了农业税几千万两。乾隆当了60年皇帝，十年在全国范围免一次税，大概有6年不征税。他虽不征税，但国库里的钱有七八千万两之多，顶得上两年的财政收入。当时乾隆觉得国库里的钱太多，担心没用处。当时还没有大规模工业可以投资，后来就用来造园林，避暑山庄、圆明园就是在那时兴建的。

第四，成功的民族政策。清朝统一了全国，但满族本身是少数民族，了解少数民族的心态和意愿，所以他们积极团结各族人民，包括汉族，这是一个很了不起的政策。清朝的时候，长城失去了功能。长城原本具有防御游牧民族入侵的作用，但是中国几千年历史上，汉朝时匈奴打进来，宋朝时女真打进来，明朝时蒙古族、满族打进来，北方少数民族一往南进入中原地区，天下就大乱。清朝统治者则认为，他们不需要长城，人心即长城。他们通过笼络少数民族的人心来维护安定，并设立理藩院专门管理少数民族事务，使中国的民族融合得以加快。从康雍乾时期开始，中国各民族进入了一个和睦相处的时期，逐渐形成了一个民族大家庭。清朝和汉唐对于少数民族的管理方式不一样。汉唐在边境设立都护府，但这是临时的军事统治，发挥作用的时间比较短暂，盛世一过，管理便难以为继。清朝则不同，政府因地制宜，在各地设立不同的民政机构,东北、新疆实行将军制,蒙古实行盟旗制,西藏采取驻藏大臣与达赖喇嘛共同治理的方法,西南的云南、贵州、四川等地实行改土归流。当时西南各地由土司治理,中央难以管理,无法任用地方官,实际上处于割据状态。清政府通过改土归流,废除土司制,设流官制。流官由中央任免,从而可以贯彻中央的号令,改进了管理,增强了民族凝聚力。

三、盛世中的阴影

上面,我简单地讲了康雍乾盛世的成就,但这个盛世中存在着阴影,制约着我国走向现代化。

第一个制约因素是农民的贫困问题。中国是个世界大国,土地广阔,人口众多,工农业总值超过世界各国,但人口基数太大,人均资源相对不足。当时中国人均拥有 3.5 亩地,英国则是人均 10 亩地。人均粮食少意味着农民贫困,没有力量购买工业品,从而难以形成发达的市场贸易。中国的市场虽有 4 亿两白银的贸易交往,但由于贫困,很多农民卖粮所得不是用来买东西,而是用来缴地租,这在很大程度上制约了中国市场贸易的发展,而这在中国的皇权体制下是很难改变的。

第二个制约因素是高度集权的封建专制体制。中国高度集权的封建专制体制历史悠久,根深蒂固,到康雍乾时期更是变本加厉。这和中国版图广阔、地区经济发展不平衡及多民族的文化传统有关。组成这个广阔版图的各个地区具有各不相同的意志,这个系统需要中央的统一管理。中央下的命令,地方不执行怎办？因此需要加强中央的权力，否则就控制不住地方。康雍乾时期实行高度专制的集权政治，这和大众参与政治是背道而驰的，是不能适应现代社会需要的，成为中国走上现代化的一个重要阻碍。而且在经济发展、社会财富增加的情况下，权力高度集中，缺少制约，缺少法治很容易导致权钱交易的腐败现象。所以乾隆时期腐败现象十分严重，和珅就是一个典型例子。乾隆惩治贪污的决心很大，每年都要杀掉好几个省级官员，甘肃有一年杀掉县以上官员五十几个人，包括总督、巡抚、藩司、臬司、知府、知县，还有五十几个人充军。大家都知道清朝的官员很少，一个省没几个官，就设一个巡抚，相当于今天的省长，不设副省长；一个县就设一个知县，不设副知县。甘肃一个小省，杀了这么多人，惩治力度这么大，还是刹不住这种风气。

第三个制约因素是重农轻工商的思想。各级官员不给工商业足够的发展空间。很多行业都由政府控制，不让经营，只有经过政府批准的商人才能做生意。广州十三行需要政府批准才能进行进出口贸易。商人做生意得到的利润要给政府，缴多少钱没封顶，反正皇上要用钱你就得给。不让开矿，怕矿工聚众闹事。当时全世界各国都兴起重商潮流，鼓励工业制造，鼓励商业贸易，鼓励海外贸易，而中国却还在一味重农，造成农业生产力强，工商业却发展不够。

第四个制约因素是清朝的闭关政策。康雍乾时期，闭关政策尤其严格。康熙时候是四口通商，到乾隆时，只有一口通商，仅允许在广州和外国做生意。当时有英国商人不满广州海关严重的腐败状况，要求乾隆开放宁波、厦门。乾隆也考虑采纳这个建议，召集这三个地方的官员共同商议。结果广东官员因为担心广州的商户跑到宁波、厦门做生意而反对开放，厦门官员则因为担心外国人闹事而不同意开放，这个提案就此了结，闭关政策变本加厉。当时中国跟外国贸易数量越来越大，许多外国商人在中国特别是在广州建立商馆。清朝政府制定了很多规定，以防止外敌势力。中国人办企业，搞贸易，限制也非常严格：船不能太大，许多工具规定不能带，连做饭用的铁锅也不能带，只能带砂锅，而且规定到了国外两年之内必须回来。当时，商人很难控制自己的归期，因为出去以后是否顺风，是否会碰到恶劣气候，船只能否正常航行都是难以预料的。有个印尼华侨出去了20年，有了钱带着家小回福州，一回来就被捉住充军到边疆，罪名是"滞留海外，目为夷役"。他们没有看到世界，只看到中国，认为中国是天下的中心，中国文明世界上无国能比。这种大国心态非常危险，以至于整个国家都处于封闭状态，没有外国书籍，没人懂英文，连知识分子都不知道英国在什么地方。乾隆年间英国派来马戛尔尼使团，要求与中国通商。这个使团非常庞大，有700人之多，坐了6艘大船前来，装了600箱礼物送给乾隆，其中很多是欧洲最先进的科学仪器。最大的一个是天文仪器，模拟天体运行，是当时最先进的天文仪器。乾隆一看这些东西，就睁着眼睛说瞎话，说我们中国也会造，英国人也没什么神奇的，就是这种自欺欺人、盛气凌人的态度，使他失去了放眼看世界的机会。尽管当时马戛尔尼确实提出了一些侵略性要求，但也提出了一些合理要求。比如认为一口通商很不方便，建议把通商口岸设在宁波、上海。因为当时中国大量出口的茶叶是在安徽、浙江一带生产的，但所有茶叶都要到广州才能出口，茶叶从安徽运到广州，路程相当遥远，的确很不方便，英国人这个建议也有一定道理。但乾隆皇帝看不到这一点，仅仅因为对方不给自己磕头这一礼节问题而把人赶走，把谈判的大门关上了，也使中国失去了了解世界的一次大好机遇，非常可惜。如果当时乾隆通过跟马戛尔尼谈判了解西方的情况，中国大概可以有一点进步，长一点知识，也不至于什么也不知道，所以开放是非常必要、非常重要的。

第五个制约因素是科技的落后。中国古代科技还是非常发达的，但由于长期实行科举制度和学习儒家礼教，导致了后来的落后。康熙、雍正时期，特别是雍正时期，全世界科学发展突飞猛进，西方的科学风气尤其浓厚，不仅设立了皇家学院，还设立了俱乐部，以提倡自然科学，而中国知识分子还在念四书五经，还在考科举写八股文，还不知自然科学为何物。这种科技方面的落后，成为中国发展的重大障碍。

我们刚才所讲的康雍乾时代，成就是非常辉煌的，但是辉煌的掩盖下还有着其阴暗的一面。当时世界处于迅速的发展中。乾隆时，英国发生工业革命，蒸汽机的发明使人类摆脱了对自然能源的依赖，工厂制度的产生推进了大工业生产的发展，使生产力突飞猛进。随着新的生产力的产生，欧洲一些启蒙思想家也相继涌现，如卢梭、狄德罗、孟德斯鸠等。18世纪末，即乾隆五十四年（1789），法国发生了大革命。美国则通过独立战争建国。这个时候世界变化极大，而中国故步自封，不改革，不开放，造成了自身的落后。尽管此时中国的生产总量仍走在世界的前列，但其发展缺乏后劲。一个国家从传统的封建社会步入现代社会，是工业、农业、贸易、文化、政治等各个领域相互促进的结果。康雍乾时期已有一些近代的因素，但也有很多落后因素，只有改变这些落后的东西，对制度、观念等进行大幅度改革，才能解放生产力。现在看来，主要就是这样一个问题。当时中国社会还没有形成改变这种旧观念、旧制度的物质基础，没有形成城市的中等阶级，在这些条件还没有充分成熟的情况下，任何问题都无法解决。当时人们眼界不宽广，没有意识到这些落后的因素，因此无法产生进一步改革的思想和充沛的改革热情。经济的发展需要上层建筑的改变来促进，上层建筑停滞不前，经济发展就会出现问题。历史是无情的，一旦在近代化道路的起跑点上落后别人一步，就步步落后，不仅失去了时间，还失去了很多机遇，失去了实现近代化的有利条件。其他先行实现近代化的国家有些开始侵略中国。日本和中国的起步时间差不多，日本明治维新在1868年开始，中国洋务运动在1864年开始，但日本的近代化进程走在了前头。甲午战争中国战败，赔款2.3亿两白银，这笔钱相当于日本几年的国库收入，被日本用于扩充军队和投资实业、教育，有力地推进了日本近代化的进程。而中国却因此陷入了更大的危机中，近代化进程也因此而严重滞后。这段历史值得我们反思。

四库全书和法国百科全书[①]

——为纪念法国革命二百周年而作

今年是法国大革命的二百周年。当革命的风暴在巴黎卷起，一时飚举霆击，扫荡了法国和欧洲的封建制度，很快改变了各国的政治局面，揭开了全球历史新的篇章。

法国革命的发生是和革命前夕一大批思想敏锐、才华焕发的先进思想家的活动分不开的，其中包括伏尔泰、孟德斯鸠、狄德罗、卢梭、爱尔维修等，他们鼓吹无神论或自然神论，反对政府专制和宗教迷信。在编撰《百科全书》的过程中，他们集结成为启蒙思想的大军。思维的理性成了衡量一切现存事物的唯一尺度，政府、社会、宗教、学术，一切都要站到理性的审判台前，辩明自身存在的价值。在一定意义上说，法国大革命正是百科全书派所宣扬的思想原则的实践和展开。在纪念法国革命之际，大家当然不会忘记这些启蒙思想家的巨大贡献。

---

① 选自《乾隆帝及其时代》，中国人民大学出版社，1992年。

正当法国思想家在孜孜不倦编写《百科全书》的时候，中国的一部最大书籍也将开始编纂，这就是著名的《四库全书》，它是保存和整理我国古代文化遗产的巨大汇编。法国的《百科全书》于1751年开始出版，28卷全部出版完毕是在1772年，即清乾隆三十七年。这一年正是清政府下令在全国征集书籍，第二年（1773）开设四库馆，进行规模浩大的修书工作。法国百科全书的补编5卷，索引2卷分别于1777年（乾隆四十二年）和1780年（乾隆四十五年）出版。第二年，即1781年（乾隆四十六年），《四库全书》的第一部，即文渊阁四库全书告成。《四库全书》全部完成于乾隆五十二年，即1787年，两年之后，法国爆发了惊天动地的资产阶级革命。东西方两部鸿篇巨制在18世纪下半叶先后修纂，接踵告成，可称是同一时代的产儿。

两部书都是工程浩大的集体作品，代表东西方文化发展的成就。但它们产生的社会背景，编纂的宗旨、目的以及在体例、方法、内容、影响等各方面是很不相同的。两书之间的差异是那么巨大，犹如18世纪东西方社会以及中华民族和法兰西民族之间的巨大差异一样。

一

《四库全书》和法国《百科全书》是迥然不相同的两种书籍。前者的着眼点在收集、保存前人已经撰写的书籍，用力于"汇编"。而后者的着眼点在综合过去的知识成果，加以阐述发挥，用力于"撰写"。《四库全书》是把已有的书籍搜罗集中，考证校勘，分类提要，共收书三千五百余种，存目六千七百余种，其特点是"博大"。编纂工作由清政府主持，第一步工作是把现存的书籍全部收集起来。从清乾隆三十七年谕令全国征书，几年之内各省进献图书一万三千余种，其中很多是善本、孤本，加上宫廷藏书，已极为丰富。还有一件很有意义的工作，即从《永乐大典》中辑录已经散佚的书籍。如邵晋涵辑薛居正的《旧五代史》，先据《永乐大典》各韵部所引，"甄录条系，得十之八九"，又从类书、史籍、说部、文集中辛勤采摘，使已经失传的《旧五代史》，恢复原貌。在许多学者的长期努力下，三百八十余种古书，失而复得，传为我国学术史上的佳话。

《四库全书》所收书籍都经过大量考证。鉴定版本、辨别真伪、考析篇章、校勘文字，进而"分别流派，撮其要旨，褒贬评述，指陈得失"。因此，《四库全书》并不是简单地把许多书籍凑集誊写，而是做了大量的研究，对中国古代文化做了大规模的清理和总结。例如，戴震校郦道元的《水经注》，该书长期流传，辗转抄录，经注混淆，讹误不可卒读。戴震经过细致的研究，发现了区别经文和注文的三条原则，按照这三条原则，长期混淆的经和注，可以清楚地区分。段玉裁说："得此三例，迎刃分解，如庖丁之解牛，故能正千年经注之互讹。"[①]可见这样的校书工作实际上是很有价值的创造性劳动。又如《四库全书》子部首列《孔子家语》，旧称传自孔子后裔，《汉书·艺文志》虽曾著录此书，然书实已散失，后世所传乃魏王肃的伪作，《四库全书》提要列

---

① 《戴东原年谱》。

举了许多理由,明确判断"其出于肃手无疑"①。《四库全书》的编纂过程中,像这类研究成果是很多的。

《四库全书》由于卷帙浩繁,不能雕版印刷,只能誊写缮录。共缮录七部书,分贮于北四阁(内廷文渊阁、圆明园文源阁、避暑山庄文津阁、沈阳文溯阁)和南三阁(扬州文汇阁、镇江文宗阁、杭州文澜阁)。书手开始是从乡试落第的士子中挑选,后来发内府帑银雇佣,历时十余年,前后参加缮写人员共三千八百多人,七部书共缮写一千六百万页。该书缮写格式每页 18 行,每行二十一字,七部书共六十亿字,这是历史上从未有过的巨大文化工程。

法国百科全书编写的起因是出版商出于营利的目的,要翻译张伯斯的《艺术与科学大辞典》,此书于 1728 年用英文出版,商人们委托著名的法国思想家狄德罗主持译事。狄德罗认为:当时科学文化的发展已突破了张伯斯所编书籍的内容,已无翻译的必要,应该用新的观点和成果重新撰写一部书籍。于是,以狄德罗为主编、达朗贝尔为副主编,集结了一批学者、能够囊括一切领域的知识精英,从事百科全书的编撰。工作延续二十多年,开始计划出 10 卷,后扩充至 28 卷,包括 17 卷条目正文和 11 卷表格插图。

一开始,狄德罗就拒绝了官方的干预。法国司法部长阿格索向他提出,编撰工作可以得到国王路易十五的支持,狄德罗断然拒绝。他说:"如果政府参与这项工作,工作就无法完成。君主

---

① 《四库全书总目提要》子部,儒家类,《孔子家语》条。

一句话可以叫人在荒草中造出一座宫殿，但一部百科全书不能凭命令完成。"①

百科全书在十分困难的条件下开始撰写，狄德罗和达朗贝尔的工作很繁重，构筑框架，设计条目，确立整体思想，组织写作，直到修改、定稿、付印、校对，都要亲自参与。而出版商只给狄德罗支付月薪100里弗，撰稿者的酬金也很微薄，就像房龙所说："重要书籍总是由一贫如洗的学者们编写的。他们靠每星期8美元过活，劳苦钱还不够买纸和墨水。"②

1752年，百科全书出版2卷，触犯了统治阶级的忌讳，即遭查禁。不久开禁后又出版至第7卷，1759年再遭查禁。百科全书的命途多舛，在巴黎不能公开出版。官方认为它亵渎上帝、危害道德、攻击宗教，御用文人和教会势力写了许多文章、诗歌、戏剧冷嘲热讽。"对于法国统治集团中的顽固分子来说，百科全书是个恶魔。每出一卷都要遭到厚颜无耻的攻击。"③但与反动势力的愿望相反，疯狂的攻击只能使狄德罗等更加声名远播，百科全书不胫而走，印数激增。由于在巴黎被禁，狄德罗改组了编辑部，继续秘密撰写下去。德皇腓特烈和俄国女皇叶卡捷琳娜怀着各自的目的，邀请狄德罗将百科全书移至柏林和彼得堡继续出版，而狄德罗却谢绝了邀请，坚持在巴黎工作下去，终于争取到再次解禁，于1772年将28卷出齐。

---

① 安德烈·比利:《狄德罗传》，第64页。
② 房龙:《宽容》，第344页。
③《英国百科全书条目选译》，《百科全书》条。

二

在四库全书和百科全书周围，集结了当代最优秀的知识分子。列名四库全书的编纂者多达三百六十人，分别担任总裁、纂修、校阅、提调等职，其中有乾隆皇帝的三个儿子和大学士、尚书等，又有大批翰林院的检讨、编修、庶吉士。贡献最多的是总纂官纪昀，毕生精力，耗费在编纂工作中，他"学问渊通，撰四库全书提要，进退百家，钩深摘隐各得其要旨，始终条理，蔚为巨观"[①]。和纪昀同任总纂官的陆锡熊始终其事，用力亦多，"考字画之讹误，卷帙之脱落，与他本之互异，篇第之倒置，蕲其是否不谬于圣人，又博综前代著录诸家议论之不同，以折中于一是，总撰人之生平，撮全书之大概"[②]。另一任总校官陆费墀，后任全书副总裁，制定馆务的各项条款章程，组织编纂、誊录和校阅工作，"综核稽查，颇能实心勤勉"[③]；此外，著名学者戴震，以举人身份，破格征召入馆，"馆中有奇文疑义，辄就咨访。震亦思勤修其职，晨夕披检，无间寒暑，经进图籍，论次精审"[④]。邵晋涵"善读书，四部七录，靡不研究，尤长于史"[⑤]，史部提要的草稿，多出其手，周永年始作《儒藏说》，为编纂四库全书之先声，"在书馆好深沉之思，四部兵农天算术数诸家，钩稽精义，襃讥悉当"[⑥]，他辑录《永乐大典》，极为勤奋，所存

---

① 《清史稿》列传卷一○七。
② 王昶：《春融堂集》卷五五，《陆君墓志铭》。
③ 《办理四库全书档案》，乾隆三十九年十一月十三日上谕。
④ 《清史稿》列传卷二六八。
⑤ 同上。
⑥ 同上。

一万八千卷大典，翻阅殆遍，"丹铅标识，摘抉编摩"，所辑文集多种，皆前人所未见。翁方纲也是有名的诗人、书法家、金石家，"宏览多闻，于金石谱录，书画词章之学，皆能抉摘精审"[①]，他所写的四库全书总目提要的草稿，至今尚保存九百余篇。

在四库全书馆内，汉学家占据主导地位。这一学派，尊重汉儒的学说，研究古代典籍从文字、音韵、训诂入手，长于考据、校勘、辑佚，反对穿凿附会，反对宋明理学家空谈心性，其治学态度较切实，方法较缜密，其缺点是烦琐和脱离实际。四库馆是乾嘉学风的发源地，也是考据学派的大本营。但馆内存在宽松、良好的学术风气，不同学派之间能平心静气讨论问题，如翁方纲记载他的工作情况："每日清晨入院，院设大厨供给桌饭，午后归寓。以是日所校阅某书应考某处，在宝善亭与同修程鱼门（晋芳）、姚姬传（鼐）、任幼植（大椿）诸人对案详举所知，各开应考证之书目，是午携至琉璃厂书肆访查之。"[②] 程晋芳、任大椿都是著名的汉学家，而翁方纲、姚鼐则是汉学的激烈批评者，但相互之间尚能"对案"商讨，交流学术，颇有点像百科全书派的学者们在沙龙中的定期聚谈一样。

百科全书的编撰也团聚了许多杰出学者，撰稿人多达160人。他们的观点各有不同，从自然神论到无神论，从开明专制论者到民主主义者，但他们博学多才，熟知一切领域的知识成就。主编狄德罗至少撰写了1200多个条目，涉及面十分广博。他一心扑在这部书上，耗尽了精力，"一个重要问题不断折磨我，使

---

① 《国朝先正事略》卷三五。
② 《翁氏家事略记》。

我头昏脑涨，我走在街上也想着它，它使我和人相处时心不在焉，它使我在最主要的工作中停步不前，它使我在夜间无法入眠"，"要使作品得以出版还有许多工作：有润饰工作，这是最棘手、最困难、使人衰弱、劳累、厌烦的、没完没了的工作"。① 副主编达朗贝尔学习法律、医学，通晓数学，写过天文学、动力学著作以及哲学讲义、音乐教程，学问渊博，为狄德罗分担了编辑和修改工作。后期的副主编若库尔也是个医生，但也研究过哲学、历史、考古学、文学、地理、自然科学，狄德罗说："自他青年时起，对人间各类知识就产生了兴趣。"② 其他撰稿人都是法国启蒙运动的杰出思想家、当时照耀着欧洲天空的灿烂群星，如伏尔泰是法国思想界的泰斗；孟德斯鸠是著名的哲学家、法学家，三权分立学说的倡导者；卢梭是民主主义思想家、社会契约论的宣扬者；爱尔维修是无神论者、唯物主义的杰出代表；布封是自然科学家、进化思想的先驱者；孔狄亚克是洛克哲学的继承者；孔多塞是百科全书派最年轻的撰稿人、后来法国革命中的吉伦特派；魁奈和杜尔阁是经济学家；重农学派的创始人以及文学家马蒙泰尔；神父莫雷列、库尔廷文；德国男爵、著名的唯物主义者霍尔巴赫等。在巴黎拥有财富和产业的霍尔巴赫定期开设沙龙，接待百科全书的撰稿人，"整个下午在十分激动的情绪中吃喝、争论。基督教教条之荒诞，教士之奸诈，他们暗中伤风败俗，宗教狂所特有的残忍，排斥异己的罪行，教廷之不合理和令人不快的性质，全部被毫不留情地拿来同泛世自然伦理所具有的

---

① 安德烈·比利：《狄德罗传》，第 267 页。
② 同上，第 308 页。

正直优美相对照。灵魂不朽、对死亡的恐怖、自杀、宗教是否对伦理和政治是必要的，玻璃制造、矿物学、冶金化学、地质、矿业、农业，这些问题也并非不受'犹太会堂'（百科全书派沙龙的绰号）常客们的关注"[1]。参加沙龙的人们意见和观点不尽一致，他们之间经常发生激烈的争论，有时甚至反目，例如狄德罗和卢梭之间、狄德罗和达朗贝尔之间的失和。但他们的研讨和争论恰好磨砺了指向封建主义的刀剑。当时，自由平等的要求激动着法国民众的心灵，传统的权威摇摇欲坠，政治、理论、宗教、科学、文艺，一切都要重新估价，这一正在法国高涨起来的民主革命思潮，是百科全书同人们的共同信念和最高理想。

三

四库全书和百科全书都有一个宏伟的理想，即要囊括前人的知识成果。两书以不同形式对繁复的人类知识体系进行探讨和分类，粗泛看来，其分类亦有相似之处。四库的经部与子部，相当于百科中的宗教和哲学类；四库中的史部相当于百科中的历史类；四库中的集部相当于百科中的诗类。但如果仔细分析，两者有很大的不同，四库全书是汇集书籍的丛书，它的分类是书籍的分类，属于目录学范畴，而百科全书以各门知识的统一为基础，勾画了一个包罗万象的学科分类体系。两书分类的不同，既是体例上的差异，也是东西方知识结构的差异。

四库全书继承了《中经新簿》和《隋书·经籍志》的传统，

---

[1] 安德烈·比利：《狄德罗传》，第127页。

把全部书籍分成经、史、子、集四大部,四部下分四十四类,有的类下分立子目,共六十六子目。根据书籍的实际情况,对传统的分类法变通损益,多所改进,强调"古来有是一家,即应立是一类,作者有是一体,即应备是一格"[1]。在四部和类目之下又写成序录,论述每类书籍的内容、体例的演变,使全书包罗宏富而分类清楚、次序井然,形成一个有机的整体。书籍的分类,从一个侧面反映了中国古代的文化成就和知识结构。中国文化着重伦理和政治关系,忽视自然科学、生产技术、商业工艺和民间文艺,古籍很多以注释儒家经典的面目出现,经部特别膨胀,史部著作亦多。在四库馆臣看来,经史二部是最重要的学问,"学者研精于经,可以正天下之是非;征事于史,可以明古今之成败,余皆杂学也"[2]。我国古代自然科学不发达是造成四库分类缺陷的重要原因,而纂修诸人的忽略,使我国有限的自然科学著作未能在四库全书中充分得到反映。全书中虽然著录了经戴震的努力从《永乐大典》中辑出的古代算书,也收进了利玛窦和徐光启合译的《几何原本》等西方的科学著作。但像明末宋应星所撰《天工开物》,总结了我国农业手工业的技术成就,内容丰富系统,却未被四库收录,连存目中也未列入。我国很早发明和运用珠算,明人程大位所撰《算法统宗》,是我国仅有的一部研究珠算的书籍,四库全书亦未著录,只列存目。理由是"其法皆适于民用,故世俗通行,唯拙于属文,词多枝蔓,未免榛楛不翦之讥"[3]。这样一

---

[1]《四库全书总目提要》卷首,《凡例》。
[2]《四库全书总目提要》,子部,总叙。
[3]《四库全书总目提要》,子部,天文算法类存目,《算法统宗》条。

部有价值的著作，仅因"词多枝蔓"而遭摒弃。四库馆臣对民间文艺更加鄙薄，虽有"词曲"一类，但认为"词曲二体，在文章技艺之间，厥品颇卑，作者弗贵，特才华之士以绮语相高耳"①。词曲中又扬词而抑曲，词类尚收词集、词选、词话、词韵、词谱，而曲类只收品题、论断及中原音韵三种书。元明清三代，戏曲传奇极为发达，形成文学史上的一大特色，四库全书却一概不录，反而批评王圻的《续文献通考》"以西厢记、琵琶记俱入经籍类中，全失论撰之体裁，不可训也"②，其识见更在王圻之下。四库全书虽列小说家类，此类书籍，叙述杂事，记录异闻，缀辑琐语，和今天所说文艺创作的小说是不同的。至于源自话本的《三国演义》《水浒传》《西游记》以及清代的《聊斋志异》《红楼梦》被视为"猥鄙荒诞，徒乱耳目"，当然都在摒斥之列。

狄德罗在当时自然科学和社会科学发展的基础上，相信关于世界知识的统一性。要使各门知识都成为统一的科学的具体组成部分。尽管百科全书的知识分类从今天来看缺陷很多，不适应用，甚至有的显得离奇古怪，例如有人讥讽它把制锁业归入记忆类，把驯隼术归入理性类。但它毕竟包罗宏富，知识领域宽广而较全面，具有近代知识结构的雏形。百科全书继承了培根的知识分类体系，把人类知识分为来源于记忆的历史，来源于理性的哲学和神学，来源于想象的诗。历史之下有圣贤史、民众史、自然史，哲学之下有人文科学（道德、教育、政治、法律）和自然科学（数学、物理、化学、医学），诗之下有诗歌、音乐、绘

---

① 《四库全书总目提要》，集部，词曲类，小序。
② 同上。

画、建筑、雕刻、戏剧。狄德罗的意向是要创立一个无所不包的科学、艺术、工艺的知识分类谱系,在这个谱系中,每门学科都有相应的位置,以显示我们知识之树的总干和各个分支。这个知识分类谱系曾在百科全书第 1 卷中加以描述,并贯穿于全书的条目、表格和插图之中。其显著特点是十分重视正在蓬勃发展的科学技术。此书定名为《百科全书——科学、艺术和工艺详解辞典》,把科学和工艺明确地标明在书名上。百科全书的撰写者不少是著名的科学家和在实际岗位上的工艺师,后人称赞狄德罗"在人类历史上破天荒第一次像我们现在通常做的那样吸收有经验的实际工作者来同著作家合作"[1]。狄德罗非常重视在当时生产中日益重要的机器性能和工艺流程,他在百科全书的《大纲》中写道:"有些工艺很特殊,操作很复杂,如果不亲自干,不亲手转动一下机器,不亲眼看看零件的装配,就很难准确地加以描绘。因此,我们往往自己搞到机器,自己当学徒,制作蹩脚的模型。"百科全书的另一个特点是现实性很强,不仅总结过去达到的文化成果,而且反映了法国当时的社会生活,展现了经济、政治、生产、生活多方面的情况,涵盖面很宽广,它是 18 世纪法国社会的一面镜子。一位伯爵曾向路易十五称赞此书的优点,他说:"陛下,您多幸运在您的统治下有人能够研究一切领域里的知识,在这部书里,可以找到一切,从别针的制作方法直到铸造大炮和瞄准射击的方法,从无限小到无限大。"[2]

---

[1] 阿基莫娃:《狄德罗传》,第 148 页,三联书店 1984 年版。
[2] 安德烈·比利:《狄德罗传》,第 139 页。

四

　　四库全书和百科全书的最重要差异是在指导思想方面。四库全书是清朝政府主持编纂的，自然站在官方立场上，编纂的目的是有助于巩固封建主义思想统治，所谓"稽古右文，聿资治理"。所以，著录的书籍并非兼收并蓄，而有严格的去取标准，这个标准就是乾隆谕旨中所说："阐明性道治法，关系世道人心者自当首先购觅，至若发挥传注，考核典章，旁暨九流百家之言，有裨实用者亦应备为甄择，又如历代名人，洎本朝士林宿望，向有诗文专集及近时沈潜经史，原本风雅……并非勦说卮言可比，均应概行查明"，[①] 如果违反或稍稍背离此项标准则只存其目，不录其书。四库全书著录的书籍达三千五百种，存目的书籍六千七百余种，存目几达著录的两倍。对于著录及存目的书籍都分别撰写提要，提要除叙述作者的简历和书籍的源流、篇章文字的异同之外，最重要的是评论书籍的是非得失，评论的标准亦以皇帝的意见为转移。乾隆说："朕命诸臣办理四库全书，亲加披览，见有不协于理者……即降旨随时厘正，惟准以大中至正之道，为万世严褒贬，即以此衡是非。"[②] 亦即《凡例》中所说："宏纲巨目，悉禀天裁，定千载之是非，决百家之疑似。"[③] 这一官方的评判立场，给四库全书造成了重大的损害。

　　《四库全书总目提要》是众多学者的精心撰著，固然有很高的学术价值，但也充满着卫道者的偏见。如东汉的唯物主义思想

---
① 乾隆三十七年正月初四日上谕。
② 乾隆四十二年十月初七日上谕。
③ 《四库全书总目提要》卷首，《凡例》。

家王充所著《论衡》，因其中有《问孔》《刺孟》二篇，《提要》称其"露才扬己""其言多激""奋其笔端以与圣贤相轧，可谓诗诖矣"①。明代的进步思想家李贽、焦竑，四库馆臣对他们毫无好感，说"二人相率而为狂禅，贽至于诋孔子而竑亦至尊崇杨墨，与孟子为难，虽天地之大，无所不有，然不应妄诞至此"②；又称才士祝允明"放言无忌，持论矫激，圣人在上，火其书可也"③；称袁宏道"矜其小慧，破律而坏度"④。像这类偏颇不公正的评论，在《四库全书总目提要》中是相当多的。所以鲁迅先生提醒我们："（四库提要）是现有较好的书籍之批评，但须注意其批评是钦定的。"⑤正是由于这一官方的指导思想，在编纂四库全书的同时发生了禁毁书籍事件，清廷在全国征书过程中发现大量所谓内容"悖逆"或有"违碍词句"的书籍，不是焚毁劈板，就是删改挖补，当时禁毁书总数达三千一百多种，其数量和四库著录的书籍几乎相等，成为我国文化事业的一次浩劫。

法国百科全书的情况完全不同。编撰者不受官方束缚而自由表达自己的思想，他们的评价标准是普遍理性和人性，让人在百科全书中占统治地位，他们鼓吹民主、自由，主张天赋人权，人的尊严不容侵犯，人的权利不容剥夺。为了使得百科全书能够继续出版下去，他们也常常用隐晦曲折的语言来表达自己的意见，但在许多条目中，"异端"思想还是鲜明地表露出来，因此，百科全书一再被

---

① 《四库全书总目提要》子部，杂家类四，《论衡》条。
② 《四库全书总目提要》子部，杂家类存目二，《焦弱侯问答》条。
③ 《四库全书总目提要》子部，杂家类存目一，《祝子罪知》条。
④ 《四库全书总目提要》集部，别集类存目六，《袁中郎集》条。
⑤ 许寿裳：《亡友鲁迅印象记》。

查禁，几乎夭折。例如，狄德罗所写《农业》《狩猎》，魁奈所写《农场主》，杜尔阁所写《税收》等条目中，揭露了当时法国经济衰退，大批农民丧失土地、贫困无告，而政府苛捐杂税，民不聊生。又如在《政治权威》条目中，狄德罗宣称："自由是天赐的东西，每一个同类的个体，只要享有理性，就有享受自由的权利。"他和百科全书的另一位撰稿人、"社会契约论"者卢梭的观点一样，说君主的权威"只是凭着臣民的选择和同意，君主绝不能运用这种权威来破坏那个使他获得权威的法规或契约"[1]。在《暴君》这一条目中，狄德罗指斥"滥用权力，践踏法律，将属下臣民变成自己各种欲望和无理贪求的牺牲品"的"暴君"，是"折磨人类的最致命的祸害"[2]。显然，百科全书团聚和联合了一批启蒙思想家，高扬理性的精神，他们触摸到新时代的脉搏，并为其降临而努力奋斗。百科全书不仅仅是一部书籍，而且是政治、经济和文化纲领，它具体陈述了不久以后将统治整个世界的那些思想，它为法国革命铺平了道路。所以，有人评论说，"百科全书是众书之书，是当时法国生活的镜子和轰击旧制度的攻城武器"[3]，"对于18世纪中教士中的保守分子来说，这部书就像吹响了走向毁灭、无政府、无神论和无秩序的嘹亮号角"[4]。

---

[1]《百科全书条目选辑》，《政治权威》。
[2]《百科全书条目选辑》，《暴君》。
[3] 阿基莫娃：《狄德罗传》，第152页。
[4] 房龙：《宽容》，第346页。

五

当四库全书和百科全书分别在中法两国编撰的时候,东亚和西欧已航路初辟,经济文化的交流已开始。明清之际,大批耶稣会传教士来到中国,他们在东西方之间架设了交流的桥梁。通过耶稣会士的介绍,中国人开始对西方的科学文化有所了解,而西方的许多先进人士也对中国和中国文化怀抱强烈的兴趣,在四库全书和百科全书中保留了东西方文化交流和相互影响的早期痕迹。

百科全书派通过传教士所写的作品,发现了远方中国的许多新鲜事物。中国的文明对百科全书派学者具有重大意义,因为,在遥远的东方存在这个不属于基督教的文明古国,这就证明了人类不需要基督教也能够创造出辉煌的文明,这一点大大地加强了百科全书派反对教会的立场和论据。百科全书派的学者对中国文明的评价各不相同,大多数人持肯定和推崇的态度。霍尔巴赫盛赞中国的伦理政治,"中国可算世界上所知唯一将政治的根本法与道德相结合的国家","欧洲政府非学中国不可"[1]。狄德罗写了百科全书中的"中国"和"中国哲学"等条目,全面介绍了中国和中国的思想文化,赞美"中国民族,其历史的悠久,文化、艺术、智慧、政治、哲学的趣味,无不在所有民族上之"[2]。经济学家巴夫尔曾随商船到过广州,是百科全书撰稿人中唯一到过中国的人,他称赞,"中国农业的繁荣胜过世界

---

[1] 霍尔巴赫:《社会之体系》。
[2] 赖赫维恩:《中国与欧洲》,第92页。

各国","中国政府普遍情形是把全部关心直接放到农业方面"①。对中国最为倾倒的是伏尔泰、魁奈和杜尔阁。他们三人都是百科全书的撰稿人和支持者。伏尔泰认为:中国文化最合乎理性与人道,中国历史不记载超自然的奇迹。他佩服孔子"不语怪力乱神"和"述而不作"的态度,他还为中国的政治制度做辩护,并撰写文章反对孟德斯鸠在《法的精神》一书中对中国封建专制主义所做的尖锐抨击。伏尔泰还根据中国元曲《赵氏孤儿》写成《中国孤儿》一剧,于1755年在巴黎上演,他甚至宣称:中国文化的被发现,对欧洲思想界来说,同哥伦布发现新大陆一样重要。被马克思称为"现代政治经济学始祖"的魁奈撰写《中国专制政治论》,赞美中国政治遵循自然法,推崇中国的礼治、伦理与重农政策,他对《易经》《周礼》《论语》相当熟悉,有"欧洲孔夫子"的雅号。另一位经济学家杜尔阁也推崇中国文化,曾向在法国学习的两位中国青年学者高类思和杨德望提出有关中国的52个问题,要求中国学者解答。百科全书派中也有对中国文化抱批判态度的,如孟德斯鸠,论述了中国专制主义与文化习俗的缺陷;卢梭则指出,中国文明的进步恰恰造成了社会的弊病;孔多塞则称中国"被一群儒生的迷信所阻碍,故不能进步"②。

不管百科全书派的学者对中国文化是推崇还是批判,当时还处在中法文化交流的开始阶段,他们都只能通过耶稣会传教士这面棱镜来观察中国,对中国情况当然不可能透彻了解。但

---

① 马弗利克:《中国为欧洲的模范》,第43页。
② 捷鲍登姆:《传教士与士大夫》,第281页。

他们都很关心中国文化，深受中国文化的影响，并通过评价中国文化去反对当时法国的宗教和政治制度。伏尔泰、狄德罗、魁奈、杜尔阁从中法文化相异之点出发，论证法国制度的不合理；而孟德斯鸠、卢梭、孔多塞看到了东西方封建主义的共性，他们抨击中国的封建专制主义，实际上也反对了法国的教会和政府。

四库全书的编纂者也通过耶稣会士开始了解西方文化。农家、天文算法、杂家、谱录等类著录了传教士利玛窦、熊三拔、邓玉函、艾儒略等十余种作品，肯定了西方数学、天文、科学、技术的成就，说"西洋之学以测量步算为第一，而奇器次之，奇器之中，水法尤切于民用……固讲水利者所必资也"[1]，"其言皆验诸实测，其法皆具得变通，可谓词简而义赅者"[2]，"其制器之巧，实为甲于古今"[3]，"欧罗巴人天文推算之密，工匠制作之巧，实逾前古"[4]。经过一段中西交流，西方的科学技术已显示出了优越性，故四库馆臣们承认了它的价值，但又囿于见识，把西方科技视为不登大雅之堂的奇技淫巧，不认识它在社会生活中所起的重大作用，所谓"徒矜工巧，为耳目之玩"[5]，不屑于进一步去了解和学习它。明清之际，耶稣会传教士的汉文著作很多，介绍了各种西方的学术文化，这是当时中国最需要的知识，但收入四库全书者寥寥无几，特别是来华较晚，包括汤若望、南怀仁、

---

[1]《四库全书总目提要》子部，农家类，《泰西水法》条。
[2]《四库全书总目提要》子部，天文算法类，《乾坤体义》条。
[3]《四库全书总目提要》子部，谱录类，《奇器图说》条。
[4]《四库全书总目提要》子部，杂家类存目，《寰有诠》条。
[5]《四库全书总目提要》子部，谱录类，《奇器图说》条。

蒋友仁等的作品，全被摒斥于四库全书之外。馆臣们认为：传教士的书籍虽有一些长处，"特所格之物皆器数之末，而所穷之理又支离神怪而不可诘"①。他们还有一个错误观念，以为西学都渊源于中学，说"西法出于周髀……特后来测验增修，愈推愈密耳。明史历志，谓尧时宅西居昧谷，畴人子弟散入遐方，因而传为西学者，固有由矣"②，可见当时士大夫对西方文化甚为隔膜，且多误解。

在当时闭关锁国的条件下，四库馆臣对西方文化缺乏了解，这是并不奇怪的。但中国当时并非无人了解西方，本文上面提到的两位中国青年学者高类思和杨德望在法国留学11年以后，于1765年（清乾隆三十年）返回中国。高类思是北京人，回国后一直住在北京，写过不少著作，至1780年（乾隆四十五年）逝世，当时正是四库全书馆进入紧张编纂的时候。但像高类思这样一位长期在法国学习、熟知西方文化、非科举出身的学者，虽近在咫尺，却没有资格进入四库全书馆，不能发挥自己的专长，甚至他的名字和行踪也在本国湮没无闻，只能从外国人的记载中略知一二。中国封建的政治和文化机制，缺少宽容和活力，不能将多方面人才网罗入馆，使四库全书在反映世界文化科学成就方面产生重大的缺陷，这不能不说是中国文化发展的不幸和损失。

---

① 《四库全书总目提要》子部，杂家类存目，《西学》条。
② 《四库全书总目提要》子部，天文算法类，《周髀算经》条。

六

　　四库全书和法国百科全书是同时诞生于18世纪的东西方两部辉煌巨著，各自有它的成就。四库全书汇聚了中国大量古籍，网罗广博，内容丰富，考订精审，编次有序，在清理和总结中国历史文化遗产方面做出了重大贡献，后人深入研究中国的传统文化都将离不开这部大书。历代学者对它评价很高，章学诚说："四库搜罗，典章大备，遗文秘册，有数百年博学通儒所未得见而今可借钞于馆阁者。"[1] 阮元说："凡六经传注之得失，诸史记载之异同，子集之枝分派别，罔不抉奥提纲，溯源彻委。所撰定《总目提要》多至万余种，考古必衷诸是，持论务得其平。"[2]

　　至于法国的百科全书则总结了西方科学与文化的成就，利用已有的知识和思想资料，发展了唯物主义和进步的历史观、政治观。它对后世的影响极为深远，伏尔泰说："狄德罗和达朗贝尔在给自己装上翅膀，以飞往后世。他们是驮着宇宙的阿特拉斯和赫克里士。他们的百科全书是世界上最伟大的作品，是雄伟壮观的金字塔。"恩格斯也说："法国的唯物主义者没有把他们的批评局限于宗教信仰问题；他们把批评扩大到他们所遇到的每一个科学传统或政治设施；而为了证明他们的学说可以普遍应用，他们选择了最简便的道路：在他们因以得名的巨著《百科全书》中，他们大胆地把这一学说应用于所有的知识对象。这样，唯物主义就以其两种形式中的这种或那种形式——公开的唯物主义或自然

---

[1]《章氏遗书》卷九，《为毕制军与钱辛楣宫詹论续鉴书》。
[2]《揅经室三集》卷五，《纪文达公集序》。

神论,成了法国一切有教养的青年的信条。它的影响是如此巨大,以致在大革命爆发时,这个由英国保皇党孕育出来的学说,竟给了法国共和党人和恐怖主义者一面理论旗帜,并且为《人权宣言》提供了底本。"①

当然,产生四库全书和法国百科全书的历史背景和文化氛围是很不相同的。18世纪的中国正是封建社会的后期,乾隆中叶,经济繁荣,国力鼎盛,文治武功达到了新的高度,经济生活中已出现了资本主义萌芽,明清之际思想界也呈现了一度活跃的景象。但清朝强化了封建统治,对异端思想严加镇压,闪眼即过的民主启蒙思想未能给中国的封建制度造成重大冲击。什么样的社会条件和经济基础就会产生什么样的文化思想成果,乾隆时代尚是封建盛世,它能为总结汇集封建文化典籍而做出巨大的贡献,但当时新的经济因素和阶级力量尚未成长,外来思想的影响还很微弱,产生于这样条件下而又为清政府主持的四库全书不可能偏离封建主义正统儒学的轨道。法国在1798年革命前夕,生产力迅速增长,资本主义工场手工业已蓬勃发展,科学技术与民主思想随之勃兴,第三等级正在崛起。烂熟了的封建制度百孔千疮,已容纳不下日益发展的新生产力和新社会力量,新的制度即将破土而出,而法国的贵族、僧侣仍保持封建特权,顽固地抗拒法国社会的前进,只有经过暴力扫荡,只有经过革命洗礼,才能洗涤封建主义的污泥积垢,振兴法国,使孕育成熟的资本主义制度脱胎诞生。法国百科全书

---

① 《马克思恩格斯选集》第3卷,第394—395页。

的学者们是唱起新时代乐章的歌手，是呼唤暴风雨的海燕，他们为行将到来的法国革命做了思想准备。不同的时代赋予人们以不同的历史使命，由此也决定了中国和法国两部划时代巨著根本趋向的歧异，而两国民族性格、文化传统、学术源流的不同又使得两书在编纂体例、思想内涵、知识构成等多方面各具自己的特色。当此纪念法国大革命两百周年之际，对这两部产生于两个世纪前的巨著进行研究，对于理解中法文化的特点和差异，促进两国文化的进一步交流是有重要意义的。

失去了的机会[①]

——略论18世纪的中英关系

人们阅读和研究历史,总不免要从今天的视角去评说历史上的功过是非。当前的生活经验能够使人们更深地思索过去,对历史上的功绩和失误看得更清楚、体会更深刻。历史不能照原样重演,已经逝去的岁月不能重新开始,对过去的悔恨、惋惜都无济于事,因为我们不能重铸过去。但我们却从历史中可以学习到未来应该怎样生活。人类的行为都以他们对过去的认识以及在过去中积累的智慧为依据的。让我们翻开18世纪的历史,我们今天感受得最为深切的历史失误就是造成了闭关锁国形势的清王朝的对外政策,这一政策使中国与当时日益奔腾前进的世界历史潮流绝缘隔离,延误了社会的发展,我们的国家和民族为此付出了沉重的代价。而且,由于种种原因,闭关锁国的阴影曾长期笼罩在我们的头上。

要研究"闭关政策",首先要提出一个问题,历史上是否有过闭关政策?清朝政府曾否执行过"闭关政策"?因为有的同志

[①] 本文是为朱雍同志所著《不愿打开的中国大门——18世纪的外交与中国命运》所写的序言,该书是朱雍的博士论文,江西人民出版社出版,1989年。

持不同的意见，他们列举许多中外交往和通商的事实来说明清朝的对外政策是比较开放的。在这篇序言中，我不可能对此做详细的驳辩，近几百年的历史非常丰富复杂而充满矛盾，留下了浩瀚的可以供人使用、驱遣的相互分歧的记载。如果不看历史的本质和主流，谁都可以容易地为两种恰恰相反的观点去掇拾自己需要的例证。当然所谓"闭关"或"开放"，是相对而言的，是比较意义上的词语。"闭关"不会是绝对的封闭，世界上最严格执行闭关政策的任何地方也不能生活在真空里，不会和别的地方毫无交往。清初虽有"片板不准下海"之说，实际上岂能做到这一点。像桃花源那样完全与世隔绝的社会只存在于文士哲人的想象中，就是这一想象中的封闭世界也还免不了武陵渔父的突然闯入。因此，列举一些清代前期中外贸易和交往的史事并不能否认当时总的封闭形势。当时的清政府对外执行闭关锁国政策，这是禁锢国家和民族的桎梏，其危害是十分严重的。朱雍同志在这部著作中避免使用"闭关"而改用"限关"二字。不论"闭关"也好，"限关"也好，这部著作详尽地描述了封建后期的中国在世界发展潮流中形成了越来越严格的"封闭"体系，探讨了这一过程中，中外（主要是英国）双方的政策、态度，彼此的矛盾、撞击。朱雍同志搜集了尽可能多的第一手资料，在这一基础上做了大量的分析论证。思维之光照射了这一迄今尚很少有人探索的朦胧领域。我，作为博士论文的指导教师，对这篇论文达到的水平和其中许多论点最好不做公开的评论，而把它留给学术界和本书的读者。但有一点可以提出：此书对于从长期封闭状态走向改革、开放的人们来说，很值得一读，它将启发我们对中华民族走过的路程进行某些有意义的回顾和反思。

历史有时会出现奇特而有趣的现象：从不同的视角审视同一历史进程，可能会显示出很不相同甚至迥然相反的景观。18世纪的中国封建社会是清朝的康雍乾盛世，经济繁荣、政治安定、国力强大，国家的统一和版图的巩固，超过历史上的任何一个封建王朝，如果和过去做纵向比较，它是中国历史发展的一个高峰。但是，国家和民族的进步是没有止境的，后来居上是必然趋势，如果仅仅比过去有所进步而感到满足，自我陶醉，就有可能陷入停滞的危险。特别在近二三百年中，地理距离的巨大障碍逐渐消除，许多在过去是遥远难达的地区变成了旦夕可及的近邻，世界上各个国家、各支力量相互竞争，你追我赶，弱肉强食，适者生存。当我们把所谓"康雍乾盛世"移到全世界的坐标系上，就出现了完全不同的态势和景观。当时，西方国家正在经历产业革命和政治革命，资本主义国家的生产力突飞猛进。18世纪末，亦即乾隆晚期，法国发生震惊世界的大革命，扫荡了欧洲的封建堡垒，为资本主义制度开辟了发展道路，在文化思想领域，有亚当·斯密、孟德斯鸠、伏尔泰、卢梭、狄德罗、康德等杰出人物，如群星灿烂，辉映天空。如果用资本主义青春期的崛起做比较，那么，同时代中国康雍乾盛世所取得的成就会变得黯然失色，中国落后了一个历史时代，看上去犹如衰颓的老翁，体态龙钟，步履蹒跚，失去了活力和生机。

人们长期思考着：在古代，曾经处在世界先进行列的中国为什么落后了？为什么和西方国家拉开了愈来愈大的差距？政治家和学者们都试图回答这个问题。地主阶级的残酷剥削、自给自足的小农经济、宗法家族的社会结构、高度集权的专制主义、地区发展的不平衡、庞大人口的压力、封建传统文化的负担、相对封闭的自然环境，等等。人们不无道理地从各方面解释中国落后于西方的原因，都有一定的根据和道理。但是，中国和西方国家的差别似乎不仅是发展速度的快慢，而在文化特点、社会结构上存在深刻的差异。假如没有外国资本主义的侵入，中国将按照自身的规律向前发展，从内容到形式将会和西方世界很不相同。譬如两列火车在两条轨道上行驶，各自奔向遥远的未来，我们不知道两条轨道将在何时何处会合交接。

西方资本主义发展的一个历史作用就是使各个地区靠近起来，进入一个世界体系。就像马克思所说，它迫使各个国家和民族推行资本主义文明制度，按西方的面貌改铸全世界，这是不以人们意志为转移的客观过程，是不可逆转、不可抗拒的必然趋势。全世界或迟或早都发生了历史的转轨，即传统社会的运行机制，在外国侵略势力的撞击下发生改变，打破了常规和平衡，进入了动荡的斗争和变革之中，激发了自立自强的努力。从一定意义上说，两个世纪以来的中国历史就是一部转轨中的历史，中国封建社会走完了乾隆盛世的路程，随即与外国资本主义激烈冲突、备受欺凌、饱尝酸辛。一切斗争、探索、成功、失败都反映了转轨时的艰难。历史悠久的中国封建社会具有自我调节、自我维护的强大能力，在历史必须转轨时显示出巨大的惰性。它在和外部世界接触的早期就产生了自我隔离机制，实行严格的闭关政策，在中国的周围设置了一道防波的堤墙，阻挡着滔滔而来的世界文明潮流。本来，历史进展是十分复杂的，充满着可变性与多种选择的机会，而闭关政策的实施，使人们闭目塞聪，毫不了解外部世界，错过了许多次选择和转变的机会，推迟了社会发展，大大削弱了中华民族抵抗外来侵略并在世界历史舞台上进行竞争的能力。

闭关政策的产生自有其深刻的根源。由于中国封建社会的自然经济结构和远离其他文明中心的地理环境，形成了相对独立、自我延续的深厚的中国古代文明，这一文明必然带有排他拒外的倾向。明代后期，西方殖民主义东进，大批传教士拥入中国，带来了西方的科学技术和书籍、仪器，这是继佛教之后，外来文化的第二次大规模输入。但东渐的欧风还不可能吹越过高耸的封建峰峦而遍及中国大地。18世纪的中国反而在日益靠近的世界潮流面前步步退却，更加严格地闭关锁国。康熙后期，由于礼仪问题引起清廷和天主教会之间的争论和冲突，雍正初年严禁传教活动，限制传教士来华，又限制中国商民出洋贸易、谋生。当历史提供抉择的重要时刻，中外关系被人为地阻绝，交往萎缩，关系冷却，阻碍了历史逐渐转轨的可能性。

乾隆朝继承了前朝的政策，但限制措施逐渐严格，趋于周密。乾隆初年，对中外贸易的限制尚少，态度比较宽容，康熙时本有四口通商的规定，但几十年间，外国商船绝大多数开赴广州贸易，形成了固定的贸易路线和惯例。乾隆十二年（1747），西班牙商船到福建厦门贸易。当地官吏认为"吕宋（指西班牙）为天主教长，漳泉风俗浇漓。此等夷船终不宜使之源源而来，拟俟夷船回棹之日，善为慰遣，不使复来"。清廷却比较宽容，不同意地方官吏的意见，复示"此等贸易，原系定例准行，今若不令复来，殊非向来通商之意……慰遣之处，可以不必"[1]。可见当时清政府尚属开明，并无限制在一口通商的意向。

不久以后，清廷的政策就发生摇摆，在这本书中提到一件值得注意的事实。乾隆二十年（1755），一些原在广州贸易的英国商船不堪广州行商和粤海关官吏的勒索，来到浙江宁波贸易，企图变更贸易路线，另开通商口岸。乾隆皇帝对此很犹豫，一方面他担心外国商人在浙江活动，"浙民习俗易嚣，洋商错处，必致滋事"；另一方面，又无意用强硬手段，禁止贸易。他一度考虑在浙江开辟第二个通商口岸，"今番舶既已来浙，自不必强之回棹。惟多增税额，将来定海一关，即照粤关之例，用内务府司员设立海关，补授宁台道督理关务。约计该商等所获之利，在广在浙，轻重适均，则赴浙赴粤，皆可惟其所适"[2]。

一口通商还是多口通商？这是摆在清政府面前的重大选择。如果允许浙江开埠，中英贸易由于更加接近茶、丝产地而获得发展，江浙富庶之区将被带动起来，广州的外贸垄断体制遭遇挑战，浙江和广东在招揽贸易方面将展开竞争，很可能会引起贸易规模和中外交往的迅速变化，产生有利的影响。可惜乾隆在关键时刻，步步倒退，在一口通商和多口通商之间，在更加封闭和稍稍开放之间，选择的是前者，错误的选择，压倒了正确的选择。在这里，偶然性也施加了一定的影响。由于要考虑浙江开埠的利弊，乾隆把原任两广总督杨应琚调任闽浙总督，要他对浙江通商

---

[1]《清实录》，乾隆十二年十二月丙子，卷305，第13页。
[2]《清实录》，乾隆二十二年八月丁卯，卷544，第23页。

进行调查。中英贸易长期在广州进行，形成了一个包括行商、粤海关监督、广东地方官员吏役在内的庞大的利益集团，他们垄断了对外贸易，得利甚多，不愿使贸易转向浙江。杨应琚已任两广总督三年，正是广州对外贸易利益集团的主要代表。他以粤民生计和两省海防为理由，力陈浙江通商的弊害，"再四筹度，不便听其两省贸易"。乾隆帝接受他的建议，谕令"粤省地窄人稠，沿海居民，大半藉洋船谋生，不独洋行之二十六家而已。且虎门、黄埔设有官兵，较之宁波之可以扬帆直至者，形势亦异，自以仍令赴粤贸易为正……明岁赴浙之船，必当严行禁绝。将来只许在广东收泊交易，不得再赴宁波，如或再来，必令原船返棹至广，不准入浙江海口"①。这道谕旨加强了闭关措施，形成了今后将近一个世纪内一口通商的不变格局。

自然，一口通商和闭关政策的严格化，不是杨应琚一纸奏文所能决定的，甚至也不是广州利益集团完全能操纵的，它是众多历史合力相互作用的结果。至少乾隆本人和大臣们都具有闭关锁国的倾向，所以很快就接受了杨的意见。闭关政策的形成有其历史的必然性，像中国这样一个长期远离其他文明中心的大国，要进入世界历史潮流，注定是艰难、曲折而漫长的过程，但是肯定历史的必然性并不等于认定人们对历史进程无能为力。历史毕竟是人创造的，历史过程和自然过程的差别就在于人的能动的参与。历史舞台上演出的威武雄壮的戏剧并没有上帝预先写好了的剧本，其中充满着机会、偶然性和多种选择的可能，一切有待于人的设计、开拓、创造，不过人们的思想和行为不可能超越历史

---

① 《清实录》，乾隆二十二年十一月戊戌，卷550，第25页。

条件所许可的范围。乾隆在二十二年（1757），曾有多口通商的设想，以皇帝的权威，实现宁波开埠是毫无困难的。当然，即使宁波开放，以后的中外贸易还会遭到种种困难和挫折，中国的门户也不会完全主动打开，但比之一口通商的僵化模式将更有利于中外的经济、文化交往，更有利于中国的前进。

英国商人不甘心限于一口通商，千方百计希望取消禁令，因此而有乾隆二十四年（1759）英商洪仁辉赴天津呈诉，控告粤海关勒索，要求宁波开埠，结果反而引起清廷的强硬反应，粤海关监督李永标虽受惩处，而乾隆认为"番商立意把持，必欲去粤向浙，情理亦属可恶"[①]。不但不准别口通商，而且将洪仁辉圈禁澳门。接着，广东制定《防范外夷规条》，第一次明文规定对来华外商的严格约束，外商在广州只有很小的活动余地。同年，由于丝价上涨，清政府认为这是由于出口太多的缘故，竟禁止输出这一传统的对外贸易商品。这一愚蠢的做法，作茧自缚，反而影响了内地的经济和生计，几年之后，沿海各省纷纷要求弛丝斤出口之禁，恢复了生丝贸易。但在禁运的这段时间内，反而刺激了意大利等地蚕桑丝织业的发展，树立起了丝绸贸易的竞争对手，故以后中国的丝绸出口，一直疲软不振。

广州一口通商的体制日益不能适应增长中的中外贸易，清政府闭关措施越来越严格。清政府坚持闭关政策是出于什么考虑？不少同志以为，这是为了防御外来侵略，是正当的自卫政策。这一说法难以令人信服，因为，从后果来衡量，闭关政策

---

① 《清实录》，乾隆二十四年七月壬戌，卷592，第21页。

对外国势力的阻挡是暂时的，中国的门户迟早必须开放，不是主动开放，就是被迫打开。这一政策更重要的作用是束缚了中国人民。按清朝的规定：中国人不得与外国人接触，不得自由出洋，不得长期居留外国。18世纪末，尽管中外贸易发展到了相当的规模，但中国人接触外国的渠道十分狭窄，对世界状况、西方科学文明毫无所知，整个社会如一潭死水，停滞凝止，没有进步。一旦中外矛盾激化，外国资本主义武装入侵，中国便失去了防卫和应变的能力。闭关政策对中国的损害远远大于对外国造成的不便。

环观18世纪的国内外环境，应该说，这是中国主动开放门户，加强与西方交流，提前实现历史转轨的有利时机。可惜中国内部尚未形成革新的力量和机制，致使机会白白地丧失。18世纪的清政府处在鼎盛阶段，财富充足，国力强盛，大批传教士的东来和中外贸易的发展造成了中外交往前所未有的规模。17世纪，荷兰曾侵占台湾，沙俄曾侵略黑龙江，严重侵犯了我国主权，在中国的坚决反击下，外国的武装侵略均告失败。18世纪的中英关系基本上是和平的商业关系，没有重大的军事对抗，不构成对中国领土、主权的威胁，这种交往对中国利多于弊。如果中外的经济和文化交流得以加速，使中国更早、更多地接触西方文明，将有利于中国的进步和改革。当时的实际情况是：世界上还没有任何国家能远征中国，对中国造成严重的军事威胁。对外国势力有一定程度的警惕和防范是应该的，但并无深闭固拒的必要。清朝统治者之所以要执行严格的闭关政策，并非担心外国立即有军事入侵的可能，而主要是针对国内的骚动和反抗，它害怕中国人民和外国人频繁接触，不是带来中外之间无休止的纠纷，就是中外结合，增强反对清朝统治的情绪和力量。马克思正确地指出，"推动这个新的王朝实行这种政策（指清朝的闭关政策）的更主要的原因，是它害怕外国人会支持很多的中国人在17世纪的大约前半个世纪里即在中国被鞑靼人（指满族）征服以后所怀抱的不满情绪。由于这种原因，外国人才被禁止同中国人有任何来往"①。当时来华的马戛尔尼也说："吾实未见中国禁止外人在北方各埠贸易之规定明文，其所云云，不过华人欲掩其真正动机而不欲宣诸口者。彼等以为苟不如此，则恐外人之交际频繁，有碍于安谧。而各界人等之服从上命，以维持皇威于不坠，乃中国政府唯一不易之格言。"②

正是由于这个原因，闭关政策的渐趋严格和乾隆中叶以后国内阶级斗争的日益尖锐有关。虽然外国人和抗清起义其实没有多少关系，但清政府总是疑神疑鬼，认为"外夷奸棍，潜入内地，诳诱愚民，恣行不法"。乾隆十八年（1753）发生了安徽的马朝柱聚众谋反案，其实马朝柱和外国人毫无关系，马却借用了"西洋寨"的名目，引得清廷对天主教更加警惕，对传教的禁令更加严密。凡是和外国人有来往的中国人均被视为奸徒，长期居留外国的华侨携资回国，财产抄没、人被充军。洪仁辉案件中，原告英国人洪仁辉和被告粤海关监督李永标处以圈禁和遣戍，而代英国人书写状词的四川人刘亚匾被处死刑。统治者害怕人民和外国人交往，故而科罪最重。乾隆四十九年（1784），甘肃回民田五

---

① 《马克思恩格斯全集》第九卷，第115页。
② 转引《中外关系史译丛》，第216页。

起义,当时刚好查获有四名外国传教士潜入陕西传教,乾隆神经紧张地认为:"西洋人与回人向属一教,恐其得有逆回滋事之信,故遣人赴陕,潜通消息,亦未可定。"[①]谕令地方官吏留心稽查防范。18 世纪后期,国内阶级矛盾愈益激化,清廷防范中外交往愈益严密,闭关政策愈益严格。乾隆五十二年(1787),皇帝写了这样一首诗:"间年外域有人来,宁可求全关不开。人事天时诚极盛,盈虚默念惧增哉。"[②] 在他看来,目前国力虽盛,以后将有盈虚损益,对外交往将会带来危险,给国内统治增加不安定因素,宁可闭关不开,排拒外来势力。

当然,这是乾隆一厢情愿的打算。历史在无情地走自己的路,中英贸易日益发展,交往更频繁,矛盾更尖锐。是顺应时势,采取主动,稍稍开放,给中国打开一个通向外部世界的窗口;还是顽固不变,严密封锁,拒绝交往,直到大门被侵略者的炮火所轰塌。历史摆在乾隆帝面前的就是这样的选择。可惜乾隆和他的大臣们封建观念根深蒂固,对方兴未艾的抗清起义十分恐惧,对外来势力极为鄙视,深怀戒心,选择了错误的方针,不愿开放中国的门户,一次又一次失去调整对外关系的机会。

可以影响历史进程的最重要的机会就是乾隆五十八年(1793)英国马戛尔尼使团来到中国,觐见乾隆,这是中英之间最重要的一次早期交往。朱雍同志以极大精力贯注于这一事件,因为这是促使历史实现转轨的关键时刻,清政府仍然顽固地拒绝主动进入世界历史的潮流。本书对马戛尔尼使团的组

[①]《清实录》,乾隆四十九年八月癸卯,卷 1213,第 11 页。
[②]《乾隆御制诗》五集卷二十八、丁未二《上元灯词》。

成、使命、出发、航程,清政府的对策、接待、觐见、交涉以及使团的返回英国,做了极为详尽、细致的研究,把二百年前使团活动的历史场景再现在读者面前,使我们确实看到这一使团在中外早期交涉史上的重要性,体会到由于谈判中止而给中国留下的不良影响。当年英国政府迫切希望和中国建立正常关系,其态度是积极而郑重的,派出了耗费巨大、人员众多的外交使团,其正式成员以及士兵、水手、工役达七百余人,分乘五艘船只,经过十个月的航行,才到达大沽口外。由于英国使团以补祝乾隆帝八十大寿为名,所以清政府最初的反应也是良好的,命令沿海各省做好接待工作,破例允许使团从天津进口。为了能在热河避暑山庄接见英国使团,乾隆取消了每年例行的围猎,对使团的食物免费供应,十分丰盛,并预先规定使团回国时将赏给可供一年食用的粮食。一个英国使团的成员写道:"在伙食的供应上,我们迄今是很少理由可以提出异议的。关于这一方面,我们所受的待遇不仅是优渥的,而且是慷慨到极点。"①

这一切并不预示中英谈判将会顺利进行。由于两国文化背景和政治观念迥异,对这次正式的外交接触的理解也不同。中国方面认为,马戛尔尼使团来华只是单纯的祝寿、观光,仰慕中华的声教文明;而英国的目标是希望与清政府谈判,改变现行的贸易体制,扩大通商,建立经常的外交联系。

中英外交接触一开始就碰到了无法解决的难题,即是觐见皇帝的礼仪。清朝自视为天朝上国,其他外国都是蛮夷之邦,它

---

① 安德逊:《英使访华录》,第 126 页。

把广阔的世界纳入一个以自我为中心，按照封建等级、名分构成的朝贡体系之中。英国也好，俄国也好，都和清朝周边的藩属国家、弱小民族一样，都应匍匐在自己的脚下。除了朝贡关系以外，它不知道国际之间还存在什么别的关系。因此，英国使臣觐见皇帝自然要行三跪九叩首之礼，这对欧洲国家来说被认为是屈辱，决不能接受。中英双方都认为这一问题涉及国家的尊严和威信，难以找到妥协的办法。早在顺治时，俄国巴伊科夫使团、康熙时俄国尼果赖使团到北京，就发生过类似的争执。英国马戛尔尼使团再一次遇到了这个解不开的死结。这表明了在长期与世隔绝状态中形成的中国封建政治、文化制度和观念形态与世界各国存在着极大的鸿沟。中国要进入世界，和其他国家开展正常的交流，需要经历长期的、艰难的适应过程。

由于礼仪的争论，乾隆帝极为不快，接待的规格立即改变。谕旨中说："似此妄自骄矜，朕意甚为不惬，已全减其供给。所有格外赏赐，此间不复颁给。……外夷入觐，如果诚心恭顺，必加以恩待，用示怀柔。若稍涉骄矜，则是伊无福承受恩典，亦即减其接待之礼，以示体制，此驾御外藩之道宜然。"[1]

马戛尔尼以后觐见乾隆，究竟怎样行礼，不但当时争论激烈，直到今天，因双方记载互异，也真相难明。据英国的记载，使团按照觐见英王的礼仪，单膝跪地，未曾磕头。而和珅的奏折中说："臣和珅带领英吉利国正副使臣等恭递表文……即令该贡使等向上行三跪九叩头礼毕。"[2] 在今天看来，礼仪问题属于形

---

[1]《掌故丛编》第七辑，乾隆五十八年八月初六日上谕。
[2]《乾隆五十八年英吉利入贡始末》。

式，当时却成了中外交涉中难以逾越的障碍。从此，清政府与马戛尔尼使团的关系从相当高的热度一降而达到冰点。

一些偶然的因素也影响中英关系的改善。譬如清廷命钦天监监副葡萄牙传教士索德超协助接待和翻译，由于彼此矛盾，索德超和英国使团抱敌对态度，不会替英国说好话，交涉中根本没有进行解释和斡旋的人员；又如乾隆皇帝年过八十精力已衰，而负责接待的和珅贪婪成性，没有得到足够的礼品，对使团缺乏兴趣和热情。还有一点也不是不重要的，即乾隆皇帝个人的性格和爱好，影响他对西方的认识。乾隆本人才华出众，文武兼通，有多方面的兴趣和才能，但对自然科学一窍不通。他处处模仿祖父康熙，在这一点上却和康熙很不相同。乾隆曾写诗自嘲："皇祖精明勾股弦，惜吾未习值髫年。而今老固难为学，自画追思每愧赧。"① 马戛尔尼使团为了要吸引和打动中国皇帝和官员们，用重金精心挑选和制造了足以显示英国科学水平和工业实力的许多礼品，包括天文地理仪器、机械、枪炮、车辆、船只模型、图册、呢线毡毯、乐器，等等，分装六百箱，携来中国。可惜坐在皇位上的是对科学毫无兴趣的乾隆而不是康熙，他并不重视这些礼物，并且认为：外国能造的，中国自己也能制造。他说："此次使臣称该国通晓天文者多年推想所成测量天文地图形象之器，其至大者名'希腊尼大利翁'一座，效法天地转运，测量日月星辰度数，在西洋为上等器物。要亦不过张大其词而已，现今内府所制仪器，精巧高大者，尽有此类。其所称奇异之物，只觉视等

---

① 《乾隆御制诗》四集，卷九十三，癸卯一，《题宋版周髀算经》。

平常耳。"① 无知和自大，闭塞了他的耳目聪明，对新事物无动于衷，一切视为夸大和平常。那些光学和数学仪器很快废弃，从圆明园中搬走；灵巧的车辆和逼真的船只模型没有全部装配完毕；使团特别带来了技术人员，可清朝官吏不感兴趣，并不打听各种机械的用途和使用方法；乾隆皇帝虽然亲自观看了大炮的试放，惊讶其威力，但却认为"这种杀伤力和仁慈的原则不能调和"②。总之，西方先进的仪器物件无助于麻木的清政府激发兴趣、引起警觉、开拓视界。

英国使团于 1793 年 9 月 26 日回到北京，清政府认为祝寿完毕，使团的使命已完成，而马戛尔尼则认为事情还没有开始，急切地要求和等待谈判。他向清政府提出了六项要求：

一、请中国允许英国商船在珠（舟）山、宁波、天津等处登岸，经营商业。

二、请中国按照从前俄罗斯商人在中国通商之例，允许英国商人在北京设一洋行，买卖货物。

三、请于珠（舟）山附近划一未经设防之小岛，归英国商人使用，以便英国商船到彼即得收歇，存放一切货物，且可居住商人。

四、请于广州附近得一同样之权利，且听英国人自由来往，不加禁止。

五、凡英国商货，自澳门运往广州者，请优待免税或减税。

六、英国船货按照中国所定之税率交税，不额外加征，请将

---

① 《乾隆御制诗》五集，卷八十四，癸卯八，《红毛英吉利国王差使臣马戛尔尼奉表贡至，诗以志事》注。
② 安德逊：《英使访华录》，第 152 页。

所定税率公布,以便遵行。

　　资本主义正在迅速发展的英国,急于对外扩张,寻找农副业产品供应地和商品市场。它的要求自然带有侵略性,如割取中国的岛屿等,清政府绝不会接受这种要求。制度不同的中英政府都会采取措施,维护自己的利益和主张。但当时中英矛盾并未上升到使用暴力,彼此都还不具备把自己的意志强加于对方的实力,两国之间的问题可以也只能通过谈判寻求解决。对问题视而不见,置之不理,避免外交接触,拒绝对方的全部要求,肯定不是明智的做法。英国的六项要求中,有不少是属于改善正常贸易的,不仅从今天看来应予考虑,即使当时的清政府也并不认为绝对不能接受。例如,宁波通商的要求,乾隆帝在三十多年前就加以考虑并一度准备接受;又如允许外商到北京贸易,则早在康熙时就曾将此项权利给予俄国商队;改进广州纳税体制是乾隆自己说过的,又为以后两广总督长麟所承诺。英国的六项要求应予区别对待,有的可以接受,有的应当拒绝,有的经过谈判加以修改。即使清政府拒绝英国的大部分要求,只要外交谈判继续下去,可以增进相互了解,缓和矛盾冲突,对中国有利而无损。中国和英国在谈判中的地位是对等和平等的,英国当时并无远征中国的可能,只能用谈判手段扩大其贸易,因此它的要求不能不是灵活而富于弹性的,并设想了自己的要求被拒绝之后让步和替代的办法。为了谈判成功,英国努力博得清政府的好感。英国国务大臣邓达斯给马戛尔尼的指示中说:为了避免中国的误会,要使中国人知道英国使团的主要目标是向皇帝祝寿,广州贸易虽然存在弊端,但不要在微小的弊端方面提出抗议,不要在这些问题上触犯中国人。问题在于处在封闭和自给自足状态中的清政府，对外部世界既无需求，又不了解，它没有近代国际交往的经验，也不感到有建立经常的外交关系的必要。再加上礼仪争执所引起的不快，把英国六项要求一律斥之为"非分于求"，砰然关闭了谈判的大门。

乾隆帝于9月30日回銮，立即下令马戛尔尼使团应于10月7日离京回国。英使要求进行谈判，留住过元旦以后，清政府断然拒绝。没有经过任何谈判，英使团几乎等于被强行驱逐，只收到清廷一封词语强硬、全盘拒绝英国要求的敕书。

历史的经验证明：像中英这样两个遥远、隔离、互相生疏的主权大国，一下子不可能就重要的政治和经济问题达成协议，甚至对话也难于开始。只有逐步加强接触、增进了解，才能进行有效的外交谈判。在当时最需要也是较现实的是维持相互联系，通过积累，创造有利的谈判环境，而不是达到什么外交成果。如果说，18世纪中英之间的平等交往尚有可能，那么，到19世纪中叶，机会已逝，两国以兵戎相见，英国把条约枷锁强加于中国，只有城下之盟，再也谈不上对等和平等的谈判了。

我们可以看到马戛尔尼使团在归途中和中国陪送大臣短期接触、对话，相互关系取得某些改善，但毕竟时间短促，不能产生明显的效果。使团从北京至浙江，由军机大臣松筠陪送，共一个月零两天；从浙江至广州，由新任两广总督长麟陪送，共一个月零八天。他们两人在沿途和马戛尔尼多次长谈，内容广泛，涉及外国的政治、贸易、外交制度，中国的法律、习俗，中英关系中的纠纷和贸易、税务弊端，等等。松筠和长麟都是清政府中开明而能干的官员,他们在短期接触中对外部世界和中英贸易开始有所了解。他们的意见禀告清廷,可能影响了皇帝,乾隆的态度有所缓和,给英王写了第二道语气较为温和的敕书,并允许英国使团隔年再来。马戛尔尼在与松筠、长麟接触之后,沮丧的情绪有所改变。"在北京时,他确实对中国政府的态度有所怀疑,但后来松大人在赴杭州的路上以及总督自己(指长麟)向他做了解释并传达了皇帝陛下的真实心情,他已经感到放心,相信英国在华臣民的利益将得到应有的尊重和保证。"①

我们重温这段历史,看到了二百年前在我们国家面前曾经出现的机会以及机会如何失去。一方面历史有其必然性,古老的中国在面临历史转轨的时刻显示其内部结构的牢固顽强,反映在人们的观念和行动上是对于外来挑战和实行变革毫无认识,缺乏准备,难以适应,不愿打开中国的大门;另一方面也表现了各种人物和势力的影响,各种偶然性对历史进程的作用,特别是作为最高统治者的乾隆帝在关键时刻的短见和失误。历史规律体现了人与环境的相互作用,人们的思想和行为受环境的制约,乾隆的政策正是封建小农社会的产物。但历史又是人创造的,人具有改造环境、影响历史进程的能力。英明的领导者善于体察形势,顺应潮流,判断利害得失。他们应该看到平常人所不易看到的、眼前利害之外的事情,想到那些过后看来一清二楚的道理。他们像翱翔天际的雄鹰能够眺望地平线以外正在迫近的对手,并且有意志和力量推动和带领他的国家准备应付未来的挑战。乾隆帝国内的

---

① 斯当东:《纪实》,第469页。

政策和治绩相当成功，经济和政治力量臻于极盛。但是，他的对外政策是失败的，他没有觉察到盛世中隐伏的危机，没有意识到外部世界的广阔性和先进性。自我封闭，虚矫自大，故步自封，陶醉于天朝上国的迷梦中，拒绝和外国建立正常的外交和贸易关系，堵塞了交流的渠道，失去了借鉴和学习外部世界的机会，延误了社会的发展，增加了中国发展前途上的困难，这就是我们研究乾隆朝对外关系得出的主要结论。

在清代经济宏观趋势与
总体评价学术研讨会上的发言[①]

今天，讨论清代经济的宏观趋势。参加这次会议的都是经济史方面的著名专家、顶尖的高手。我非常高兴看到有这么多权威学者参与清史纂修工作，参与清史经济部分的讨论。有你们参加，我对清史纂修的质量增强了信心，清史纂修的质量有了保证。关于经济方面，我看得不多，不过也看了几篇，我觉得写得非常好。我问了一下典志组，得知你们的稿子总的说来能够达到中上水平。典志组的经济部分一共有九个志，十七个项目，在整个清史中所占的比重是很大的。如果这部分写好了，对清史的水平、清史质量的提高有重大的意义。典志组的同志让我说几句话，我很犹豫，因为我不是研究经济史的，可以说是个外行，不敢班门弄斧。由于我在编清史，只好勉为其难，先说几句，算是抛砖引玉。

经济是社会的基础，它决定政治、文化、军事、法制、思想等。要想全面地了解清史，不能不学一点经济史，不能不思考一些经济史的问题。当然我的所学所思十分浅陋，不能登大雅之堂。在座的很多位专家都是我的老师。说实在的，我看过你们不

---

① 原载于《清史研究》，2008 年第 3 期。

少著作、文章，是我学习的榜样。今天，我想谈一点很肤浅的感想。我的发言比较简单，以学习心得向大家汇报，希望大家指正。

清代三百年的经济发展，我想是否可用驼峰型模式这种说法来概括，就像骆驼的背，两头低，中间高。清初经济是一片残破，经过长期的战争，破坏得很厉害，这方面史料很多了。清朝初期三四十年时间，经济十分萧条。康熙以后，经过了恢复、发展，又经过雍正、乾隆到达了高峰，发展到很高的程度。鸦片战争以后，又迅速地跌落，外国的侵略，经济本身的衰败，又跌落到一个低谷，很低，形成一个驼峰形。清朝入关以后的三四十年间，经济处在低谷，因为明末清初一直在打仗。从努尔哈赤起，从李自成、张献忠在陕北起，后来清军入关，打农民起义军，之后打南明、三藩，打了一个世纪。17世纪是一个战争的世纪，连续不断的、全国范围的战争使经济破坏得很厉害。大概康熙二十年（1681）以后，三藩平定以后，经济恢复比较快。康熙中后期以至雍正、乾隆一百年，从17世纪末到18世纪，这一百年是一个经济向上的世纪，社会安定，经济发展，是一个高峰，经济大幅度增长，可以说，在中国历史上是前所未有的，大大超过汉唐；横向比较，中国在世界上也是首屈一指的。

从人口来看，清初中国的人口可能在一亿左右，有的说一亿多，有的说一亿几千万。到了十八世纪，乾隆后期人口到了三亿，道光二十年（1840）到了四亿，两个世纪人口翻了两番。

我们想想世界上哪个国家，哪个时代在两百年内人口可以翻两番？没有一个国家从一亿增加到四亿，任何时代都没有这种情况，世界上是没有先例的。从纵向发展来看中国人口，汉代盛世是五六千万；唐代盛世有七千多万。我们可以从人口估算到它的经济，有多少人口就必须要生产相应数量的粮食来供养这些人口，汉朝的粮食可以供养五六千万的人口，唐朝生产的粮食可以供养七八千万的人口，到了18世纪清朝的时候，要供养三亿多的人口。这时粮食的产量比汉唐时多得多。中国是封建农业社会，在农业社会，衡量国家力量主要是看粮食的产量，当然还要看其他方面。粮食产量是衡量当时国家国力的很主要的标志。中国18世纪的生产力远远超过汉唐。到道光能养活四亿多人口，一直到我们小时候，还经常说四万万同胞团结起来，那是道光时的数字，是清朝时期达到人口最高的数字。和世界历史横向来比较，当时18世纪的中国与世界其他国家来比较的话也是最高的。我们发了一本麦迪森的书，这本书我找了好长时间，后来在北图找到了一本英文版的。我一开始还不知道有译本，到现在我才知道有了中文译本，我非常高兴。根据麦迪森及贝洛克的统计，18世纪的中国的GDP占世界GDP的32%，是世界第一。第二是印度，印度大约是24%。中国远远超过英国与法国。产业革命以后，中国的经济也依然很高，在世界上是第一大经济体。当时欧洲的国家都很小，英国当时的人口一千八百万，法国稍微多一点。欧洲二十多个国家加起来人口一亿七千万。中国三亿，全世界九亿多人口，中国占三分之一，占世界32%的GDP，现在的美国也达不到。可见，当时中国的生产力是很高的，农业的产量、城市的数量、手工业的规模、市场、贸易，从这些我们都可以看出来当年中国是世界第一大经济体。为什么中国生产力这么高？原因何在？首先，中国土地广大，人口众多，人口占全世界的三分之一。当时一切生产都要靠手工，农业是靠手工，工业也要靠手工。人多生产的东西就多，地大生产的东西多，但是一定要没有战争，有战争就不行了。17世纪不行，19世纪也不行，都是因为战争。18世纪，一百几十年，在中原地区没有一次大规模的战争。在这期间休养生息，太平盛世就是这样来的。一打仗、秩序大乱，就不行了。

中国的农业和欧洲有些不一样，欧洲的优势是地多人少。比如英国人均耕地大约是中国的三倍，它的耕地很多了。所以可以有休耕的地，可垦的地也很多。18世纪的中国耕地已经是很紧张了。我估计当时中国的人均耕地大约是三亩半，三亩多，而当时英国人均耕地是十一二亩。18世纪耕地面积有多少，现在我们国内有很多的计算。因为这个太复杂了，没有那么多的资料，所以统计很困难，很艰巨。统计口径不统一，有用垧，有用大亩、小亩，各种各样，故统计起来很困难。总的说来，中国耕地少，但比起外国来，中国的农业也有它的优势。我想这就是它的生产力之所以高的原因所在。

其次，就是中国政府重农，农业放到首位，不像欧洲的政府重视商业、贸易。中国的劝农、水利灌溉、不耽误农时、劝耕、为农民免税、免赋等各种优惠的政策应用到农业。现在我们农业不收农业税了，其实在康熙时候有好几年也是不收农业税的，大概是六年吧。乾隆不收农业税也有好几年，但不可能全部免税，因为当时主要是靠农业税，如果税全免了，政府就没办法开支了，所以它实行轮流免税的办法，尽量地减轻农民负担。政府的重视、水利的规模大得不得了。治理黄河的决口，经常花费上千万银子。

第三是有新的高产作物的推广。比如说玉米、甘薯、花生等高产作物。一亩地的小麦那时是一二百斤，而种甘薯则收成上千斤。玉米、高粱这些高产作物的推广影响很大。

第四是精耕细作。地少人多，在单位面积上投入更多的劳动力。中国的种地就像绣花一样，精耕细作。

第五就是市场的扩大。18世纪的市场确实有很大的扩展。我读过吴承明先生的书，写得很精辟。白银的大量输入。美国有过一本书叫《白银资本》，书中讲大部分的白银都流到中国来了，是不是有点夸大，但不管怎么说，白银大量流入中国，润滑了中国的市场，使中国的市场达到了前所未有的规模，同时清朝也统一了蒙古、新疆、西藏，这些地区都统一进来了。长途贸易也很活跃。还有一个就是外贸的增加。对外的贸易要比明朝增加得多。康熙初年的海关的关税有几十万两，到了乾隆中后期，增加了20倍。可想而知，海外贸易量的增加是非常大的。尽管当时中国实行闭关锁国，不让外国人来，但是生意照做，因为经济一体化的潮流是无法阻挡的。你不让外国人来，不让外国的文化传进来，把传教士都赶走了，但是它在贸易上还是不断地扩大。经济上来往还是很多的。不管你怎样闭关锁国，但是经济一体化的潮流还是随之而来。

总之，康雍乾时期是清代经济发展的最高峰，也是中国历史上经济发展的最高峰。我的这个说法对不对，请大家讨论批评。说它是最高峰是从它的经济规模来讲的，从它的经济总量来讲的，不是人均的经济水平，这一点要注意。特别是中国经济在本质上没有改变，仍然是封建经济，它的量很大，但整个结构还是封建社会的结构，没有走上近代化的轨道，没有经过产业革命。中国的经济与当时18世纪西欧经济不同，重要的差距就在这里。没有经过产业革命，你的量是不少，人多，地大，经济体很大，但是本质上还是封建经济，没有经过产业革命。很大的经济量除以很大的人口量，人均所得并不是很多。不像西欧在18世纪后期，正在进行产业革命，生产力迅速上升。正如马克思所讲，它像地底下的喷泉喷涌而上，越喷越大，越喷越多，越喷越高，势不可当。中国的经济总量是不少，但是不可持续。人口不断增多，人均耕地面积在不断地减少，这样中国就陷入了马尔萨斯的陷阱，发生农民战争，发生动乱。18世纪以后，19世纪初，开始是白莲教，八年时间，四川、陕西、甘肃、河南、湖北很多省卷进去，打了八九年。跟着南方的天地会，北方的天理教，各种各样的教门会党，再就是鸦片战争、太平天国、中法战争、中日战争，打了一个世纪。一个世纪还没有完，后面还有抗日战争。在这一百多年的战争中中国就不可能跨过近代化的门槛，经济虽有所上升，但很缓慢。为什么中国经济有发展，量有变化而不能跨过这个门槛？这是值得思索，值得探讨的问题。原因在哪里？一个原因就是帝国主义的侵略打乱了中国正常的经济发展，这个我就不详细说了。第二个就是中国本身的经济、自身的社会结构有很大的问题。一个社会的近代化是一个系统工程，大系统里面有很多子系统，小的系统，如政治系统、经济系统、法律系统、文化思想系统、科技系统等。经济也可以看成是一个大的系统，它下面有工业、农业、商业、财政、金融等子系统。

近代化是一个系统工程。大系统中的许多子系统要相互联系、相互制约,要协调发展。这样才能跨过近代化的门槛,必须协调发展。经济的发展可以促进政治、文化、科技等的发展,而反过来政治、文化、科技也可以促进经济的发展,还可以阻碍经济的发展。如果政治的发展滞后,科技不发达,没有法制,近代化就没有希望了。因为近代化不仅仅是一个经济的问题,它要很多方面的配合,很多子系统的配合,没有这些子系统的协同努力也不可能跨过这个门槛。近代化不是一个一元的、单线的运动,而是一个多元的、多线的运动。有经济、政治、文化、科技好多条线,好多个因素协同的动作,互相推动,互相促进,整个社会才能向前走。只有各个系统,各种因素的协同发展,相互推动才能引起整个社会的全面前进,才能产生克服社会惰性的伟大动力。其实社会的惰性、传统的惰性是非常大的,你看看洋务运动期间发生的事情,简直让人啼笑皆非,比如说反对开矿、反对开工厂、反对造铁路。没有各个系统的协调动作,只是经济这个单箭头是前进不了的。必须有其他方面的配合,如果没有其他方面的配合,那就会产生瓶颈效应,挡住了,上不去了。其他方面上不去,经济也要缓慢,停滞下来,整个社会发展不可持续。我觉得18世纪后半期到19世纪前半期,中国就是处在一个瓶颈的状态,处在一个不可持续的状态。18世纪中国社会已经暴露了很多迹象,都在妨碍近代化。封建专制体制、法制不健全,动不动抄家、动不动没收。产权根本没有保障,虽无罪也要报效国家,法制不行,不健全,而且是贫富不均,贫富分化,兼并土地很严重。贫富不均就会发生社会动乱。白莲教、太平天国起义就是这个原因。科技十分落后，贪污腐败，和珅大贪污犯，当时大贪污犯多得很。这些都是危害社会发展极其严重的方面，再次发生了社会动乱。18世纪到了高峰以后，19世纪全乱了。再加上外国的入侵，我们的经济状况，变得一塌糊涂了。经济跌落到低谷。我说跌落低谷，不一定是生产量、贸易量的绝对数低落，主要是经济的性质，不利于国计民生，不利于持续发展。譬如贸易量，鸦片战争以后对外贸易数量在上升，但是已从出超变为入超，进口商品大量是鸦片，病国害民，莫此为甚，进口越多，中国越是贫弱。所以我说驼峰型是指后来的经济性质是殖民地型经济，而且也是与世界各国对比而言。中国的经济在19世纪初还占30%多呢，还是第一，但是经过鸦片战争以后就不行了。根据麦迪森这本书里面讲，义和团的时候才占世界经济GDP的6%，到抗日战争时期占4%，跌入到这个低谷。中华人民共和国成立以后才开始挡住这个下落的趋势，但是上得不快。中国经济从18世纪的高峰走入19世纪低谷。这个低谷不同于前面的低谷，历史不会完全地重复，它是循环上升的。19世纪的低谷不同于17世纪的低谷，19世纪的低谷是在世界经济一体化下。经济一体化的潮流汹涌澎湃，不可阻挡。当然这种潮流的冲击带来了灾难，老百姓穷困破产的很多，但是也带来了希望，带来了机遇，因为经济领域里面产生了新的因素。外国的工厂传进来了，外国的文化传进来了，西方科技市场传进来了，西方的制度、西方的组织、西方的各种工具也传进来了，这些都是资本主义进入中国，这是新的社会因素进入中国。中国进入洋务运动，进入清末的新政，到了民国以后，虽然发展不快，这就是由于我刚才讲的中国的惰性。

日本经过三十年时间的发展超越了中国，可以说日本是完成了近代化。中国三十年很悲惨啊，洋务运动破产了，甲午海战一败涂地。虽然失败了，但还是在前进。中国虽然没有经过产业革命，但是也开始走向近代化的道路，是后发的一种模式。中国不是原发的近代化，是一种后发的，是在世界潮流的带动下进入到了近代化。当然这种后发的近代化道路是十分坎坷，非常曲折，苦难深重，但是不管怎么困难，不管怎么挫折，近代因素产生了、发展了，有了新的阶级、新的社会群体了、新思想、新文化，有了科技、工业、现代农业。中国社会正是由于这些经济变化也在发生着重大的变化。政治上戊戌变法、辛亥革命、五四运动等，这些政治事件都是中国社会经济发展的结果，与晚清的历史面貌不同，晚清的经济处在低谷，但后来也出现了变化，产生了希望，与清前期经济面貌大不相同。中国总算从一条漫长、曲折的道路中走出来了，走过了黑暗，迎来了光明。经济又重新向上，特别是改革开放以来辉煌的成就，我们都有目共睹，亲身经历。研究历史不能不考虑经济的发展，不能不考虑它的长期变化，要不然你不能深刻地了解它是怎么回事，也不能正确地说明它。社会的变化，经济是基础。当然，现在我们正在建设小康社会，民族复兴有望，正在攀登更高的境界。2007年的GDP达到了三万五千亿美元了，居世界第四，和德国差不多。2008年肯定能超过德国。在历史上我们长期处于经济领先的优势，但19和20世纪前期，由于外部侵略和自身弱点，中国摔了一大跤，摔得很重，伤筋动骨，成了最贫困落后的国家之一。但经过全国人民的努力，三十年改革开放，我们正在恢复元气，重新进入世界大国的行列。确切地说，今天的奇迹是几千年古国的经济复兴，不是像美国那样平地起家的经济崛起。这是中华民族的荣耀，这么快，完全靠自己，没有靠外援，很快就站起来了。我们目前还不是很强大，美国是十三万亿，我们的GDP只是美国一个零头，我们还要长期拼搏，再接再厉，取得更大成绩，才能无愧于后人，也无愧于先人。

清朝的历史地位[①]

　　清朝是中国最后一个封建帝制王朝。在它统治期间，中国从封建社会逐步走向半殖民地半封建社会。最初，满族在东北兴起，人数很少，力量微弱，各部不相统属，社会发展相对落后，但却富有勇武刚强的精神。经过半个世纪的奋斗，整顿政治，建立组织，练兵聚饷，学习先进的经济和文化，在对周围地区不断进行征战中统一东北，进而长驱入关，问鼎中原，取得全国的统治权。新兴的满族显示了锐于创业的蓬勃朝气和不断进步的革新精神。入关之初，它曾采取野蛮、落后的政策，如屠城、圈地、逃人法、迁海等。随着历史的发展，清政府逐渐改变政策，致力于恢复生产，奖励垦荒，兴修水利，赈济灾荒，改革赋役制度，减轻人民负担，使社会经济逐渐恢复。到康雍乾统治时期，中国的封建经济高度繁荣，农业生产有较大的提高，商品经济有一定的发展，某些地区和某些行业中资本主义萌芽有所增长；在政治上制定了各项典章制度，矛盾相对缓和，秩序比较稳定，国力臻于鼎盛。清朝国家机器较长时期维持正常的运转，皇权集中，统治巩固，困扰着中国历代王朝的母后、外戚、宦官、权臣、朋党、藩镇等祸患，降到了最低程度。清朝前期总结了中国历史上

[①]《戴逸文集·经史札记》，中国人民大学出版社，2017年。

统治的经验教训，决策施政，经过深思熟虑而审慎从事，威权专一，令出法随，取得了重大的治绩。

清朝最突出的贡献是统一全国，增强了多民族大家庭的团结，最后奠定了中国的版图。中国虽然自古以来是统一国家，但各时代的情况复杂，统一与割据错综交替。明王朝后期，东北、西北、西南广大地区处在中央政府有效管辖之外，有的地区和明政府长期对抗，兵戎相见；有的地区接受中央的羁縻，但非明朝号令所能及。明王朝实际管辖的地方只有内地的十几个行省。清朝取得全国统治权后，大力经营边疆，在东北阻挡住了俄国的入侵；在西北，经过长期战争摧毁了准噶尔割据势力，平定了天山南北；又安抚了内外蒙古；在西藏，对政教事务进行改革，驱逐了廓尔喀入侵；在西南，大规模地改土归流；还招降郑氏，统一了台湾。经过清朝的长期努力，原来处在分裂状态的中国重新统一，边疆敉宁，版图巩固。在帝国主义入侵中国以前，清朝完成了国家的统一，明确了边疆地区的归属，增强了全民族的凝聚力。帝国主义侵略中国一百多年，但中华民族团结一致，同舟共济，共御外侮，至今以社会主义统一国家屹立于世界，这和清朝长期致力于统一事业有着十分密切的关系。

清朝在历史上既有光辉的一面，也有反动、落后的一面。清朝政权是满汉统治阶级的联合专政，对广大劳动人民进行残酷的剥削和无情的镇压，阶级压迫和民族压迫极为严重。在高度集权的统治下，清政府实行高压政策，滥施专制淫威。虽标榜崇文兴学、纂修典籍、优遇文士，但钳制言论、禁毁书籍、屡兴文字狱，造成知识界不敢议论政治、研究现实的沉闷局面。在对外政策方面，又自我孤立，虚骄自大，执行闭关政策，限制中国和外国接触交往，对中国社会的发展带来非常不利的影响。

　　清朝前期的治绩，十分突出，达到了中国历史上的又一个高峰。但如果同当时世界上一些先进国家比较，则政治、经济、文化成就可谓处于相对停滞状态。当时，西欧正在经历政治革命和产业革命，生产力突飞猛进，英国以富厚的国力称雄于世界；美国发生独立战争，建立了新国家；法国发生 1789 年的大革命，扫荡了本国以至欧洲的封建制度，大批启蒙思想家宣扬自由、民主，科学技术获得迅速的进展。但中国却在天朝大国的迷梦中沉睡，不了解外部世界正在发生翻天覆地的变化。中国日益落后，和西欧的差距日益拉大，这给国家和民族带来了巨大的灾难。

　　到了鸦片战争时，英国的大炮轰开了中国的门户，貌似强大的清王朝露出了不堪一击的虚弱本质。从此，外国侵略者蜂拥而入，掠夺各种权利；外国的商品大量输入，侵蚀和破坏了中国的自然经济，使广大农民和小手工业者破产失业；一系列不平等条约束缚了中国人民，严重损害了中国的领土、主权和利益。中国从独立的封建社会逐步地沦为半殖民地半封建社会。清朝政府曾试图振作自强，引进外国的枪炮船舰、机器铁路，学习西方的科学技术。但它只能勉强地做些枝节的改变，而顽固地拒绝根本性的变革。因此，不但不能扭转国家贫穷衰弱的局面，而且在列强进一步侵略面前，不断地败退、妥协、求降，暴露了自己的腐败无能，使国家和民族处在帝国主义瓜分宰割的危机之中。中国的先进志士怀着爱国忧时的热忱，进行了不屈不挠的反帝反封建斗争。他们经过长期艰苦的探索，付出流血牺牲的代价，寻找着拯救国家、振兴民族的道路。他们认识到,清朝政府已沦为帝国主义的附庸,只有推翻这个腐败的卖国政府,进一步实现变革,中国才可能得救。20世纪初,全国掀起了资产阶级民主革命的巨大浪潮,在伟大的民主革命家孙中山的领导下,清朝政府终于被推翻,建立了共和国。清朝的覆灭虽然并没有解决中国的根本矛盾,但在中国大地上两千多年的专制帝制结束了。这是中国民主革命的重大成果,是中国人民反帝反封建斗争的伟大胜利。

第三辑 《清史》编纂

《清史稿》的纂修及其缺陷[1]

我国有易代修史的传统，每当前一个朝代的统治结束，后继的政府为了吸取历史经验，要为前一代修史，如此继承绵延积累了丰富的历史典籍，被称为"正史"的"二十四史"就是这样形成的。清朝覆亡以后，后继的民国政府很快启动纂修清史工作。经民国政府国务会议议决，1914年3月9日，大总统袁世凯下令设置清史馆，聘赵尔巽为馆长，"延聘通儒分任编纂，踵二十四史沿袭之旧例，成二百余年传信之专书，用以昭示来兹，导扬盛美，本大总统有厚望焉"[2]。（赵尔巽为汉军旗同治进士，曾任清山西、湖南等省巡抚，东三省总督）赵尔巽死后，由柯绍忞代馆长。

清史馆早期邀请学者136人，后实际到馆工作者86人，另有100多位执行人员。参加撰写工作较多的有：柯绍忞（任天文、时宪志）、吴廷燮（任部分本纪、表、地理志）、缪荃孙（任儒林、文苑传、列传、土司传）、金兆蕃（任清前期列传）、吴士鉴（任宗室、世系表、部分地理志）、袁励準（任列传）、万本端（任礼志、舆服志）、邓邦述（任本纪、光宣列传）、秦树声（任

---

[1] 原载于《清史研究》，2002年第1期。
[2]《大总统袁世凯设置清史馆令》，见《政府公报》660号。

地理志）、章钰（任忠义传、艺文志）、俞陛云（任兵志、列传）、姚永朴（任食货志、列传）、罗惇曧（任交通志）、吴广霈（任邦交志）、张尔田（任地理志、刑法志、乐志、后妃传）、李岳瑞（任列传）、金兆丰（任地理志）、马其昶（任列传）、刘师培（任出使大臣表）、王树楠（任列传）、夏孙桐（任列传）、奭良（任列传）、瑞洵（任本纪）、姚永概（任食货志）、朱师辙（任艺文志）、李哲明（任本纪、列传）、戴锡章（任邦交志、列传）。

清史馆经费初定为每月十万银元，最高级人士月薪达六百元，后北洋政府财政困难，经费时有拖欠扣减，不能按时按额发给，只得向当时的军阀们如吴佩孚、张宗昌、张作霖等募捐，左支右绌，勉强维持。至1928年，北伐军将要打到北京，北洋军阀政府朝不保夕。《清史稿》全书虽基本竣工，但未经总阅修订，故名《清史稿》，共536卷，约800余万字。由袁金恺、金梁负责刊刻发行，共印刷1100部。后金梁私携其中400部往东北，且私自修改（加入张勋、康有为传，删改艺文志序，增校刻记，其他列传亦有修改），在关外发行，是为"关外本"。清史馆同人在北京集会，反对金梁的擅自修改，另行出版"关内本"。

《清史稿》出版之翌年，即1929年12月16日，故宫博物院院长易培基呈文行政院，建议禁止《清史稿》之发行，呈文内称：《清史稿》"系用亡清遗老主持其事……彼辈自诩忠于前朝，乃以诽谤民国为能事，并不顾其既食周粟之嫌，遂至乖谬百出，开千百年未有之奇……故其体例文字之错谬百出，尤属指不胜屈。

此书若任其发行,实为民国之奇耻大辱"①。并开列《清史稿》之十九项错误:一、反革命。二、蔑视先烈。三、不奉民国正朔。四、例书伪谥。五、称扬诸遗老,鼓励复辟。六、反对汉族。七、为满清讳。八、体例不合。九、体例不一致。十、人名先后不一致。十一、一人两传。十二、目录与书不合。十三、纪表传志互相不合。十四、有日无月。十五、人名错误。十六、事迹之年月不详载。十七、泥古不化。十八、浅陋。十九、忽略。前七条错误属于政治性错误,后十二条则为学术上、体例上、史实上、文字上的错误。

国民党政府将《清史稿》"永远封存禁止流行"。这未免太过分。前辈学者孟森、容庚先生为求《清史稿》之解禁,做过较客观公正之评论。平心而论,《清史稿》一书撰写时离清朝覆亡甚近,修史者大多为忠于清室之遗老,有很多谀扬清朝、反对革命之词。且当时清朝档案尚未清理,修史时多根据国史馆稿件,未曾利用原始材料,故价值较逊。又成书仓促,未能统一校改,史实、人名、地名、年月日的错误遗漏比比皆是,故而是一部有缺陷的史书。今天修史的主客观条件与20世纪初的情况大异,应该利用清室遗留的大量档案,集中人力、物力纂修一部能正确反映清代近三百年的历史。对于《清史稿》一书的缺陷,可从四个方面来考察。

---

① 易培基《呈行政院文》,民国十八年十二月十六日。

一、立场

《清史稿》作者明确站在清朝一边,反对辛亥革命,不愿意写清朝的覆亡,对清末革命党的活动写得很少。如兴中会、同盟会的建立、民报的出版以及孙中山领导的许多次武装起义,都是当时政治上的重大事件,《清史稿》全都没有记载,看不出清朝是怎样被推翻的。即使有一点革命活动的零星记载,也语含贬抑,评价很不公正。如写武昌起义:(宣统三年)八月"甲寅,革命党谋乱于武昌,事觉,捕三十二人,诛刘汝夔等三人……乙卯,武昌新军变附于革命党,总督瑞澂弃城走,遂陷武昌……丙辰,张彪以兵匪构变,弃营潜逃……嗣是行省各拥兵据地号独立,举为魁者皆称都督"①。寥寥数十字,修史者反对革命的立场十分鲜明。对革命活动,目为"谋逆""作乱"。对革命中牺牲的烈士目为"匪党""伏诛"。如光绪三十三年(1907)七月,"诏以匪徒谋逆,往往假革命名词,巧为煽诱"②。同年,徐锡麟在安庆刺死巡抚恩铭,该书称"安徽候补道徐锡麟刺杀巡抚恩铭,锡麟捕得伏诛"③,又称"武昌乱起,各省响应,朝论纷呶"④。四川保路运动是武昌起义的先声,《清史稿》载"会川乱起,(赵)尔丰还省……尔丰至成都察乱已成……重庆兵变,会匪蜂起……商

---

① 《清史稿》(以下未注书名者均引自《清史稿》),卷二五,《宣统皇帝本纪》,第996页、103页。中华书局版。
② 卷二四,《德宗本纪二》,第959页。
③ 同上
④ 卷四七〇,《良弼》,第12799页。

民请尔丰出定乱"①。1912年1月1日，孙中山当选临时大总统，《清史稿》称"甲戌，各省代表十七人开选举临时大总统选举会于上海，举临时大总统，立政府于南京，定号曰中华民国"②。民国已建立，政府已组成，临时大总统亦选出，但不书孙文之名，遗老们系用春秋笔法蔑视中山先生，故意不写他的名字。孙中山是推翻清朝统治的领袖，《清史稿》上孙文之名仅见一次：光绪三十年五月"丙戌，懿旨特赦戊戌党籍，除康有为、梁启超、孙文外，褫职者复原衔，通缉、监禁、编管者释免之"③。这是慈禧太后下旨赦免戊戌党人时，特别指名康、梁、孙三人为大逆不赦，这样才提到了孙文之名。

相反，凡对抗革命者则大加歌颂表扬，《清史稿》卷四百六十九，为恩铭、端方、松寿、赵尔丰、冯汝骙、陆钟琦等一批被革命军击毙的督抚写传记，或称"不屈遇害"，或称"骂不绝口"，或称"忠孝节义萃于一门"，篇末论曰"或慷慨捐躯，或从容就义，示天下以大节，垂绝纲常，庶几恃以复振焉"④。这些吹捧之词，反映了修史者拥护清朝反对民国的心态。

在《忠义传》中列有梁济（梁漱溟之父）、王国维二人，称两人是因清朝覆亡而投湖自杀的，故列入《忠义传》。但是梁济投净业湖自杀在1916年，已在清亡后四年；王国维投昆明湖自杀在1928年，已在清亡后十六年。清朝灭亡的时候，梁济、王

---

① 卷四六九，《赵尔丰》，第12794页。
② 卷二五，《宣统皇帝本纪》，第996页、103页。
③ 卷二四，《德宗本纪二》，第948页。
④ 卷四六九，《恩铭》，第12790页。

国维为何不自杀？而等待那么长时间才自杀，梁、王自杀的原因至今不明，怎能断言是为清朝"殉国"？

《清史稿》记述李自成、张献忠、南明、白莲教、太平天国一概称"匪""逆""寇""贼"，立场亦极为鲜明。《清史稿》记载民国以后的事，不用民国纪年而用干支纪年，如民国元年称壬子，民国二年称癸丑，民国三年称甲寅，表示不承认中华民国，不奉其正朔。《清史稿》是中华民国出钱聘请撰修的，他们竟然不承认民国，诬蔑辛亥革命，所以易培基请禁《清史稿》的呈文中说它"乖谬百出，开千百年未有之奇""此书若任其发行，实为民国之奇耻大辱""若在前代，其身必受大辟，其书当然焚毁。现今我政府不罪其人，已属宽仁之至，至其书则绝不宜再流行海内，贻笑后人，为吾民国之玷。宜将背叛之《清史稿》一书永远封存，禁其发行"①。

二、内容

晚清，帝国主义侵略中国，清朝丧权辱国，这是历史上的大事，《清史稿》为清朝讳，往往轻描淡写，语焉不详。既看不出侵略者的凶狠，也看不出清朝的卖国，如鸦片战争后签订《南京条约》。《本纪》中仅书（道光二十二年）"八月戊寅，耆英奏广州、福州、厦门、宁波、上海各海口，与英国定议通商"②。《耆英传》中稍详细，"英人索烟价、商欠、战费共二千一百万两，

---

① 易培基《呈行政院文》，民国十八年十二月十六日。
② 卷十九，《宣宗本纪三》，第687页。

广州、福州、厦门、宁波、上海五港通商，英官与中国官员用平行礼及划抵关税，释放汉奸等款……耆英等与英将濮鼎查、马利逊会盟于仪凤门外静海寺，同签条约……和议遂成"[1]。寥寥几十个字，只提到赔款通商，而对关系重大的割让香港、协定关税并未提及。

又如中国的海关为外国把持，英人赫德长期任总税务司，掌握国家之锁钥，门户洞开，利权尽失，而《清史稿》对海关主权的丧失全无记载，视而不见，无动于衷。

又如，新疆于光绪十年（1884）建行省，台湾于光绪十一年（1885）建行省，这几乎是人所共知的常识。而《清史稿·地理志》直隶篇中却说"穆宗（同治）中兴以后，台湾、新疆改列行省。德宗（光绪）嗣位，复将奉天、吉林、黑龙江改为东三省"[2]。这里把台湾、新疆建省提前到同治年间。而《地理志》福建篇中又称"光绪十三年，升台湾府为行省"，又把台湾建省推迟两年，这都是不应有的错误。

修史者由于知识结构的局限，对外国不了解，错误最多，如说"俄国界近大西洋者，崇天主教"[3]。其实俄国近波罗的海，距大西洋尚远，而崇奉东正教，不是天主教。修史者对新鲜事物缺乏兴趣，也不甚了解。晚清洋务运动中，设工厂、开矿山、建铁路、造轮船，开始启动中国近代化的步伐。而《清史稿》仅设立《交通志》以铁路、轮船、电报、邮政四项概括了当时的工矿交

---

[1] 卷三七，《耆英》，第11505页。
[2] 卷五四，《地理一》，第1891页。
[3] 卷一五三，《邦交一·俄罗斯》，第4484页。

通建设,而对当时的上海制造局、开滦煤矿、黑龙江漠河金矿、云南个旧锡矿、汉冶萍企业、张之洞开办的湖北布、纱、丝、麻四厂、上海纺织局、华盛纱厂、台湾的基隆煤矿以及张謇开办的大生纱厂、荣宗敬、荣德生的茂新面粉厂、张振勋的张裕酿酒厂等一大批近代工矿企业均视而不见。即在轮船一项下亦只记载了轮船招商局,而遗漏了中国造船工业之始的福建船政局。我们今天看来,这些工矿企业十分重要,标志着清末近代化的艰难起步,而《清史稿》偏偏忽略不记。近代帝国主义在中国的投资,对中国社会经济影响极为巨大,《清史稿》均无记载,这些都是重大的遗漏失误。

李鸿章是清末的重要历史人物,他是洋务运动的领袖。凡工厂、矿山、电报、铁路事业以及新式海军大多由他一手创办,晚清中国和外国交涉谈判、签订条约大多亦由他主持。《清史稿》中《李鸿章传》,大部分篇幅叙述李如何镇压太平天国和捻军,其他只占小部分篇幅,轻重倒置,很多重要东西也遗漏了。

还有由于修史者缺乏自然科学知识,在《时宪志》中编进了三卷八线表,这是初中学生数学教科书中的对数表,和清史风马牛不相及,写在历史书中,实属不伦不类。又《阮元传》称"集清代天文、律算诸家作《畴人传》,以章绝学"[1]。按阮元所作《畴人传》为记载我国历代科学家之传记,非仅记有清一代,修史者可能对此书未曾寓目,故而误认为仅是记载清代科学家的书籍。

---

[1] 卷三六四,《阮元》,第 11423 页。

三、体例

清朝统治期内,存在南明政权(包括弘光、隆武、永历三朝)共十八年,以及太平天国政权十四年,按传统史书应设《载记》以记其事。《清史稿》处理草率,南明政权只设立三个传记,即《张煌言传》《李定国传》《郑成功传》;而太平天国只设《洪秀全传》,重要人物如杨秀清、石达开、李秀成、陈玉成、洪仁玕均未立传。

《河渠志》记载全国河流的情况,却只记载黄河、淮河、运河、永定河四条,我国最长的河流长江遗漏不记,其他像珠江、黑龙江、松花江、雅鲁藏布江等大江大河全都不见踪影,岂不是笑话!

《天文志》只记到乾隆朝为止,乾隆以后一百多年,无天文可查。原因是外国传教士任职钦天监期间,有天文记录。传教士被全部赶跑后,天文失载,资料缺乏,故只有半部《天文志》。

列传的设置十分凌乱,一人二传者共十四人(王照园、乌什哈达、马三俊、安禄、周春、乐善、兰鼎元、胡承诺、苏纳、惠伦、罗璧、阿什坦、谢启昆、陈撰),以前《元史》因译名杂乱,一人多有二传者,共十三人。顾炎武、朱彝尊、赵翼、钱大昕均批评《元史》体例混乱,而《清史稿》无译名之杂,一人二传之误,较《元史》更甚。

又有应立传而不立传者,如翁方纲、朱筠、吕留良、谭钟麟均无传,又如严复是晚清思想家,翻译《天演论》等名著,介绍西方文化到中国,对中国思想界影响甚大。毛泽东主席评论晚清人物，列举洪秀全、康有为、严复、孙中山四人，而《清史稿》不为严复立专传，只在林纾之下列严复的附传。

《清史稿》的列女传，开列妇女二三百人，大多是丈夫早死，守节不嫁，受政府表扬。所谓"清制，礼部掌旌格孝妇、孝女、烈妇、烈女、守节、殉节、未婚守节，岁会而上，都数千人"，内容宣扬纲常礼教、三从四德、夫死殉节，是封建的糟粕。

《清史稿》卷二七二，列汤若望、杨光先、南怀仁在一起。一个是德国人，一个是中国人，一个是比利时人，放在一起，已有不伦不类之感。《清史稿》既为外国人立传，那么对中国有重大影响的外国人何止汤若望、南怀仁两人。其他如清朝中期的郎世宁、蒋友仁，尤其是清朝晚期的德璀琳、汉纳根、丁韪良、李提摩太、傅兰雅等人，《清史稿》何以均不立传？

四、史事

《清史稿》一书记载之史事有很多失实之处，如载：延信"雍正元年袭贝子，寻以功封郡王。六年因罪革爵"[1]。误。延信之最高封爵为贝勒，未封郡王，雍正三年革爵，非六年。又称，"弘曕、弘盼均世宗第六子，福宜为世宗第七子"[2]。误。世宗岂有两个第六子。按：弘曕为第六子，弘盼则为第七子，福宜为第八子。又《诸王列传》称："信宣和郡王多尼，多铎第一子。""信郡王董额，多铎第三子。"[3] 误。多尼应为第二子，董额应为第七子。又《职官志》载"咸

---

[1] 卷一六三，《皇子世表三》，第5042页。
[2] 卷一六五，《皇子世表五》，第5202页、5204页。
[3] 卷二一八，《诸王四》，第9037页、9038页。

丰间，复命恭亲王入直，历三朝领班如故。嗣是醇贤亲王、礼亲王、庆亲王等踵相摄"①。误。按：醇亲王奕谭曾主持总理海军衙门而从未进入军机处。又《职官志》载"康熙元年，诛内监吴良辅"②。按吴良辅被杀在顺治十八年（1661），非康熙元年。又《职官志》载"延及德宗（光绪），外患蹴迹，译署始立"③。误。按：译署即总理各国事务衙门之简称，设立在咸丰年间，并非光绪时。又《公主表》载宣宗第六女寿恩固伦公主"道光十年十二月生，咸丰九年四月薨，年三十八"④。误。按：其生卒年计算，虚岁仅三十岁而非三十八岁。《邦交志》载："英有里国太者，嘉应州人也，世仰食外洋，随英公使额尔金为行营参赞"⑤。误。按：里国太亦译李国泰，李国泰曾任中国第一任总税务司，英国人，并非华裔，与广东嘉应州毫无关系。最荒唐的是《忠义传》叙太平天国时，浙江诸暨县所属包村，抗拒太平军"相持八九月，大小数十战，毙贼十余万""合村死者，盖六十余万人"⑥。小小的包村作战双方，死者合计七十余万人，比起抗日战争中日本侵略军在南京屠杀我国三十万同胞，数目还要增加一倍多，这样明显的夸大失实之词，还能称得上信史吗？

至于人名、地名、年月日之讹误，更数不胜数。仅阅太祖、太宗、顺治、康熙本纪七卷，其错误之处极多，如《太祖本纪》"丁

---

① 卷一一四，《职官一》，第3270页。
② 卷一一八，《职官五》，第3425页。
③ 卷一一九，《职官六》，第3445页。
④ 卷一六六，《公主表》，第5298页。
⑤ 卷一五四，《邦交二》，第4526页。
⑥ 卷四九三，《忠义七》，第13653页。

未春正月，瓦尔喀斐悠城长穆特黑来"①。应作"策穆特黑"。"二月癸未，上还辽阳，辽阳城圮"②。辽阳城圮于三月，非二月。《太宗本纪》天聪三年春十一月"宁远巡抚袁崇焕、锦州总兵祖大寿屯沙窝门"③。应为广渠门。天聪四年正月"其帅明兵部尚书刘之纶领兵至"④。刘之纶应为兵部侍郎，战死后追赠尚书。天聪五年九月"明太仆寺卿监军周春、总兵吴衮、钟纬等，以马步兵四万来援"⑤。钟纬应作宋纬。《世祖本纪一》顺治二年六月"自成窜九宫山，自缢死"⑥。李自成为地主武装击杀，非自缢。顺治二年十月"故明唐王朱聿钊据福建"⑦。唐王名朱聿键，非朱聿钊。顺治三年八月"杀故明蜀王朱盛浓"。朱盛浓为楚王非蜀王。顺治六年八月"以张孝仁为直隶、山东、河南总督"⑧。张孝仁应为张存仁。顺治十七年六月"大学士刘正宗、成克巩、魏裔介以罪免"⑨。时魏裔介官左都御史，非大学士。《圣祖本纪》顺治十八年十月，山东于七起事，"命靖东将军济世哈讨平之"⑩。济世哈应为济席哈。康熙五年三月"以胡拜为直隶总督"⑪。是年直隶总督为朱昌祚，非胡拜。康熙十三年九月"命简亲王

---

① 卷一《太祖本纪》，第7页、14页。
② 同上。
③ 卷二，《太宗本纪一》，第29页、31页、36页。
④ 同上。
⑤ 同上。
⑥ 卷四，《世祖本纪一》，第97页、99页、116页。
⑦ 同上。
⑧ 同上。
⑨ 卷五《世祖本纪二》，第166页。
⑩ 卷六《圣祖本纪一》，第167页、173页、188页、198页、202页、202页。
⑪ 同上。

喇布为扬威大将军，率师赴江西"①。喇布率师赴江宁，非江西。康熙十七年七月"是月，吴三桂僭号于衡州"②。吴三桂称帝应在本年三月，非七月。康熙十九年正月"伪巡抚张文等迎降"③。应为张文德，漏一"德"字。同年三月"吴丹复重庆，达州、奉乡诸州县悉定"④。按：四川无奉乡县，应为东乡。康熙二十九年"恭亲王常宁为安远大将军，简亲王喇布、信郡王鄂扎副之"⑤。常宁应为安北大将军，非安远大将军，喇布已死于康熙二十年，其弟雅布袭封简亲王，此处应为雅布，非喇布。康熙三十六年"振平将军、湖广提督徐治都卒"⑥。振平应作镇平。康熙四十一年五月"先是，廉州府连山瑶人作乱"⑦。廉州府应为广州府。康熙四十八年十月"皇九子胤禟、皇十二子胤祹、皇十四子胤禵俱为贝勒"。应为贝子非贝勒。以上所引太祖、太宗、顺治、康熙四帝《本纪》共七卷中错误十八处，是汪宗衍先生在《读清史稿札记》中所摘，无怪汪宗衍先生评论说："翻阅所及，凡年份、官爵、人、地、书名，误倒衍夺之处不胜条举，史实牴牾、体例乖谬亦多有之。"⑧

最近我请中国人民大学清史研究所的几位教师和博士生校勘了十多篇《清史稿》的列传，每篇都有很多错漏之处。《李鸿

---

① 卷六《圣祖本纪一》，第167页、173页、188页、198页、202页、202页。
② 同上。
③ 同上。
④ 同上。
⑤ 卷七，《圣祖本纪二》，第229页、247页。
⑥ 同上。
⑦ 卷八，《圣祖本纪三》，第260页。
⑧ 汪宗衍《读清史稿札记》。

章传》全文不到八千字，错漏或有问题的地方达二十六处，平均三百字即有一处错误，依此错误率推算，《清史稿》不到九百万字，全书错漏可能达三万处。当然我不是说它一定有三万处错漏，而只是说明其错误之多。听说台湾省出了一本《清史稿校注》，主要是校勘其错误，注释其遗漏，全书达一千二百余万字，因我未曾寓目，不能评论。但全书字数竟达一千二百万字，可见《清史稿》错误遗漏确实是很多的。

造成《清史稿》错漏甚多的原因：第一，修史者大多为清朝遗老，虽受民国礼聘，但思想感情上留恋灭亡的清朝，对民国没有好感，写作时亦图避免过分得罪民国政府。对清末革命党活动尽量少记，但又不能不记，故笔底常流露其真实感情，反对民国、同情逊清，故而遭到北伐后国民党政府的封禁。

第二，《清史稿》写作时，清代档案尚未整理，亦未为世人所共知，故谈不到利用档案。修史者仅根据清代国史馆中所写底稿与其他书籍编纂而成，史料使用之范围有限。

第三，修纂过程前松后紧，定稿仓促，没有总阅修改的负责人，故繁简失当，内容前后矛盾，错误百出。

《清史稿》虽有以上所说种种错误遗漏，不是一部理想的史书，但一部八九百万字的大书要挑拣错误肯定会不少的。我撰写本文的目的是为了说明已有《清史稿》一书，今天我们是否有必要再修清史，故而不惮烦琐，缕述此书的种种缺陷，以见新清史纂修之必要。但我不是一笔抹杀，说它毫无是处。《清史稿》根据国史馆稿本编成，而国史馆稿本是由清朝许多代的学者集体编撰、长期积累的学术成果，所写各种传记、志、表，很多是亲历其事，亲见其人，见闻较近而真切。有些内容较以往史书为胜，如《地理志》所载疆域，很多是前史不载而经实地测量者；《灾异志》所载为水旱蝗疫，较少记载迷信祥瑞之事（亦有少量一妇产四男、龙见于天等可不必记）；又为自然科学家开辟《畴人传》，创前史未有之新。《清史稿》的文体用文言，修史者皆功底深厚之知名文士，故行文简练、清晰、流畅，后人颇难达到他们的文字水平。前辈学者孟森、容庚、金毓黻等建议此书开禁。孟森先生说："总之，《清史稿》为大宗之史料，故为治清代掌故者所甚重，即将来有纠正重作之清史，于此不满人意之旧稿，仍为史学家所必保存，供百世之尚论。"① 金毓黻先生说："平心论之，是书积十余年之岁月，经数十学者之用心，又有国史原本可据，而历朝所修之实录、圣训及宣统政纪，并将蒋、王、潘、朱四氏之东华录，采摭甚富，史实赅备，囊括以成一代大典，信足以继前代正史之后而同垂于奕祀矣。第其书令人不满者亦有多端，其一则诸志实未备作，列传多有缺遗。其二则仓卒付印，错讹太多，而于原稿亦刊削未当。其三则书中时流露遗民口吻，与往代修史之例不合。"②

可见《清史稿》既是"不满人意"、应该"纠正重作"的有重大缺陷的著作，又是"采摭甚富，史实赅备""为治清代掌故者所甚重"的史书。将来重修之新清史可以和清史稿并存相互参证。"二十四史"不乏这种并行不悖的事例。如刘昫修《唐书》，薛居正修《五代史》，因篇幅繁冗，故欧阳修又修成《新唐书》

---

① 孟森：《清史稿应否禁锢之商榷》，载于《国学季刊》，第四卷第三期，民国二十一年九月。
② 金毓黻：《读清史稿札记》，载于《国史馆馆刊》，第一卷第三号，民国三十七年八月。

《新五代史》，其后新书流行，刘、薛所修书反而晦没不传，至乾隆时才从《永乐大典》中辑出。从此，新旧《唐书》《五代史》四书并列于"二十四史"中。明宋濂修《元史》讹误甚多，清末柯绍忞又重作《新元史》，与《元史》并行，北洋政府把《新元史》列为"二十五史"。我认为新清史如能启动修成，亦可与《清史稿》并行成"二十七史"。《清史稿》虽有重大缺陷，但这是由于历史原因和主客观条件造成的。参加修史的人已尽了极大的努力，而《清史稿》本身亦有相当之学术价值，未可一笔抹杀。

构建新世纪标志性文化工程[①]

——清史编纂工程启动感言

我国有重视历史著述的传统,历代撰写的史籍汗牛充栋,并且非常重视"以史为鉴,资政育人"。每当一个朝代衰亡了,继起的政府为了总结前代的历史经验,都要为前朝修史。江泽民同志说,中华民族历来重视治史,世界几大古代文明,只有中华文明没有中断地延续下来,这同我们这个民族始终注重治史有着直接的关系。

在我国的众多史籍中,有"正史"之名的纪传体史书共二十五部,系统详细而不间断地记录了自五帝以来数千年的中国史。这是中华民族的重要文化载体,是人们了解、研究我们国家和民族形成发展的百科全书,是建设中国特色社会主义的智慧宝库。

"二十五史"至《明史》而终,不包括清代历史。清朝自满族入关至宣统逊位,统治中国长达二百六十八年,时间跨度长,内容丰富,史料繁多,而且与现实接近,因而清史的地位和价值十分重要。当代面临的许多重大问题,如经济建设、政治改革、

[①] 原载于《光明日报》,2003 年 2 月 25 日。

文化发展、中外交往以及人口问题、宗教问题、边疆问题、生态问题、城市化问题、地区发展不平衡问题等，都各有其历史渊源，都要追溯到清代才能够了解问题的根由。因此，编纂一部详尽的高水平的《清史》是全面了解祖国历史、科学分析中国历史发展道路的需要，也是总结历史经验教训、正确认识中国国情、建设中国特色社会主义的需要。

清亡后，继起的北洋政府于1914年开设清史馆，为清朝修史，但因战争频仍、经费拮据和政权更迭等原因，在没有正式成书前即仓促杀青，故名为《清史稿》。该书虽然也有一定的学术价值，但修撰者大多是清朝遗老遗少，往往站在清朝的立场上说话，故在许多问题上记载失实，讹误甚多，且评论不公。如对孙中山领导的辛亥革命贬抑殊甚，以致国民政府将它列为禁书。此后台湾当局亦欲再修《清史》，但限于人力、财力及缺乏史料，仅修补了《清史稿》之一部分，近年来又作《〈清史稿〉校注》，订正了《清史稿》中的许多谬误疏漏，而再修《清史》之工作始终未能启动。

自中华人民共和国成立以来，党和国家几代领导人都十分重视《清史》的纂修。新中国成立以后，董必武同志曾建议纂修《清史》，并得到毛泽东主席的赞同。20世纪50年代末，周恩来总理曾委托吴晗同志考虑纂修《清史》的规划，后因三年困难时期暂行搁置。1965年秋，周总理委托中央宣传部周扬同志负责组成了以郭影秋为首的"七人清史编纂委员会"，并在中国人民大学建立清史研究所，作为编纂《清史》之机构，因不久发生"文化大革命"，修史计划又告夭折。"文化大革命"结束以后，邓小平同志转下一封建议纂修《清史》的信件，学术界又筹议纂修《清史》，并初步拟订了编纂规划。但当时刚刚改革开放，百废待举，万端待理，难以顾及修《清史》之事，故此议再度被搁置。由此可见，纂修《清史》是老一辈无产阶级革命家的殷切期望，也是几代史学家努力不懈的奋斗目标。

时至新世纪，学术界再次呼吁编纂《清史》。中央领导经过详细地调研和缜密地考虑，衡量修史的时机和条件，决定启动编纂《清史》工程。应该说，动员组织学术界的力量撰写一部能反映新中国理论水平、学术水平的大型《清史》，使之成为新世纪学术发展、文化建设的标志性成果，这对发展我国学术事业，推动历史研究，提高我国人民的历史知识和人文素养，增强爱国主义精神，展示新世纪的文化建设，具有重大的意义。

改革开放二十多年来，我国的经济建设蓬勃发展，成果辉煌，综合国力大大增强，学术文化日趋繁荣，清史研究也取得巨大的进步。以历史唯物主义为指导的清史学体系逐渐形成，日臻完善，大批清史资料已整理出版，研究队伍不断扩大，研究水平不断提高，优秀成果大量涌现。纂修《清史》的学术条件已基本成熟。因此，在党中央和国务院的领导下，在有关部门的支持协助下，在全国清史和其他学科专家的通力合作下，我们有信心经过十余年的艰苦努力，完成一部多达三千万字的具有较高水平的大型《清史》，为中华民族的文化宝库奉献一部优秀的历史作品。

《清史》纂修是新世纪的一项标志性文化工程。我们要以马列主义、毛泽东思想、邓小平理论和"三个代表"重要思想为指导，在重大理论问题和历史是非问题上讲政治，讲原则，实事求是，还历史以本来面目；要坚持学术创新与发扬史学优良传统的统一；坚持尊重客观历史真实与反映时代精神的统一，坚持文化学术积累与以史为鉴、古为今用的统一；要做到材料丰富，叙事精当，观点正确，文字流畅；要组织专家研究新编《清史》的内容、体例、文字和编纂规划，经过充分讨论，继承传统史书的长处，吸收现代史学研究的成果，并结合清朝历史的实际情况，开拓创新，与时俱进，做到思想性、学术性与科学性的较完美统一。

清代的文献档案，浩如烟海，不计其数。要撰写一部高质量的《清史》，必须对原始资料做一番认真、切实、细密的研究和清理工作。查核记载，考证史事，改正讹误，做到"实事求是""言必有据"，力求成为"信史"。有清一代的各种文献档案数量庞大，分散各地，杂乱无章，从未经过有计划地全面整理，我们对其种类、数量、保存地点和保存情况，还心中无数。由于年深日久，纸质脆薄，不少珍贵的文献档案已破损碎裂，行将毁灭。我们应大力进行抢救，经过调查研究，搜集整理，或妥善保存，或公开出版，使之流传永久，泽及后世。这是保护清代历史文化遗产的大事，必须充分重视。文献档案的整理研究是提高《清史》质量的关键，而修撰《清史》又可带动清代文献档案的抢救、保护和开发。

纂修《清史》，工程浩大，时间长久，不是少数单位、少数人员短时间内所能完成的。我们必须组织学术界广大力量，调动大家的积极性，群策群力，共襄盛举。清朝历史时间跨度长，涵盖领域广，不仅有政治、经济、军事、法律、文化和民族等内容，而且涉及科技史、艺术史、社会史、宗教史、民族风俗史等，包罗万象。除了发动清史学者修史，还应邀请其他领域的学者参与，争取撰写一部全面、真实、高水平的《清史》。

为了调动修史人才，为了利用浩瀚的档案文献和历史资料，为了取得充分的物质和资金保障，应有政府介入，得到政府的领导和支持。因为编纂《清史》是一项规模宏大、艰难复杂的系统工程，需要经历很长时间，投入很大的人力、财力，任何个人或单位都没有举办这项宏大文化事业的能力。中国历史上重大的有成效的文化工程大多是由政府出面组织的，历代所修正史以及唐代纂修的《五经正义》，宋代纂修的《文苑英华》《册府元龟》《太平御览》，明代纂修的《永乐大典》，清代纂修的《四库全书》等，无不如此。这是顺利完成工作的需要，也是保证工程质量的需要。在此需要提及的是，现在政府支持《清史》的编纂与过去官修史书已完全不同。今天修史主要是专家学者的集体创作，政府在物质条件和财力上予以支持，并不是在学术上干预，因而不会发生封建时代"罢黜众说，定于一尊"的事，而且也只有尊重专家学者的研究自由和学术观点，在百家争鸣的基础上各抒己见，独立思考，权衡至当，择善而从，才能产生高水平的学术著作。

《清史》纂修工作即将启动。在党和政府的领导下，在全社会和学术界的支持下，在全体编纂人员的努力下，我们相信这项宏伟的文化工程一定能够顺利实施，圆满完成。

贯穿《清史》的一条主线[1]

——新修《清史》通纪内容要旨

新修《清史》的总体设计，内设通纪，八卷本，拟写 300 万字，占《清史》全书约 3000 万字的 1/10。通纪、典志、传记、史表、图录共五项，合为新修《清史》的主体内容。五项都是新《清史》不可或缺的组成部分。但通纪之重要，可用"全书的总纲""全书的核心"来概括。

纂修新《清史》，是当代中国一项世纪性的文化学术工程，是学术界百年宏图大业，需要所有学者、专家都来关心它，支持它，并积极参与到这项事业中来。因为这个缘故，我想就通纪的基本内容做一简介，实际是对这部分内容的结构设计，以期引起讨论，企盼提出更富有创见性的意见和建议，帮助通纪达到高水平、高质量。

一

新修《清史》设置五个部分，即通纪、典志、传记、史表、图录，一方面继承了传统史书的体裁，另一方面也吸收了 20 世

---

[1] 原载于《社会科学战线》，2005 年第 5 期，系 2003 年 6 月 4 日在清史会议上的讲话。

纪以来新的体裁，它们各有长处。传统的纪、传、表、志体裁的优点，有比较大的包容量。中国传统史书，如"二十四史"，都是用传统体裁写的，直到20世纪，从梁启超、章太炎开始才有了章节体，之后的100年都用章节体，而传统体裁几乎被废弃不用了，只有罗尔纲修《太平天国史》用了传统体裁。我认为，这两种体裁都有各自的优点，也各有自身的缺陷。我们新修《清史》，主要采用了传统史书的传统体裁，发挥其包含量大的优点，从各个方面反映清代历史内容，体现历史发展演变的丰富性和多样性。同时，我们又考虑到20世纪以来盛行的章节体的长处就在于它能表现历史发展的大趋势，揭示历史的规律，可以对历史进行连续性的、立体式的、有重点的编写。所以，我们设计的五个部分，其中四个部分是用传统体裁，一个部分即通纪采用章节体。

何谓"通纪"？按我的设想，"通纪"也就是"通史"，或者不叫"通纪"叫"总序"，或者干脆就叫"通史"？名称应以准确、贴切为好，究竟哪个名称更好，可以讨论而后定。

不论用哪个名称，现在姑且称"通纪"，就是用八卷本、300万字的规模，把清代近300年的历史加以扼要地叙述，前后贯通，表现历史发展的大趋势和我们的历史观，阐明清代从崛起到发展与鼎盛时期，再到衰落以至灭亡的全过程。这里面，当然要多方面反映清代政治、经济、军事、文化的内容，包括阶级斗争、民族斗争的各个方面，包括意识形态、社会生活的各个方面。但是，这些方面的叙述都比较简略。这八卷是宏观的叙述，一方面不能过于简略，否则很多问题就说不清；另一方面又不能太细，内容过多，否则通纪部分承担不了。因此很多内容要由纪、传、表、志分别承担。

通纪分为八卷，是根据清史的内容和新修《清史》各部分的比例，经过反复考虑才定下来的。有一种意见，主张通纪不宜写多，写两卷就够了。我觉得这样写困难比较大。第一，要阐明清朝近三百年发展大势，两卷本是不够的，100万字以内不行，三卷也不够，八卷已经是比较少的了。近三百年的时间跨度很长，内容太多，前后变化太大，比较短的篇幅难以说清这个大势，很多问题说不清楚。第二，通纪部分涉及的内容，如阶级斗争、民族斗争、经济基础与上层建筑等，各个方面都需照顾到，不能太简略。再比如，通纪重点讲政治、军事、外交这些问题，因为这些问题也只有在这里可以说清楚，在后边就没有地方再讲了。就说军事，清朝打仗可不得了，17世纪打了一个世纪，18世纪是一个太平世纪，当然也有乾隆朝的"十全武功"，但是战争还是比较少的。到19世纪时，又打了一个世纪，从白莲教到鸦片战争、太平天国、中法战争、甲午战争、义和团运动、八国联军，整整打了一个世纪。哪个志能写战争呢？《兵志》是不能写战争的，因为《兵志》是记述军队编制的，讲八旗、绿营的编制，不能写打仗的事，所以不能指望《兵志》来解决具体战争问题。那么，传记能写吗？的确有些人物参与过战争，可能是个统帅，但一次战争中统帅也常常撤换，写一个人物不可能贯穿地写一场战争。至于表，就更无法反映战争的内容了。显然，只有通纪才能反映这么多的、这么重要的、这么激烈的战争！这些内容的重要性和必要性都要求写到通纪部分。再如，鸦片战争的过程不一定展开，不能写得很多、很详细，但不能没有它。政治斗争也是这样，有许多重大的政治斗争，如雍正夺嫡问题，有各种不同意见，有的认为雍正是合法继承，有的认为雍正是非法继承。这些都可以讨论，但雍正继位这件事不能不写，放到哪里去写呢？也只能在通纪里去写。雍正帝的传肯定要写这个内容，但涉及的人多，内容也多，不能全写进传记里。再如，北京政变，慈禧上台，当然可在慈禧传里写，主要还是在通纪里写。很清楚，没有相当规模的通纪，就无法处理这些政治上、军事上的重大事件。

原先我曾设计"载纪"，将一些特殊的历史事件，如南明、吴三桂建周政权、太平天国、准噶尔等，都附载于《清史》，名为"载纪"，这也是沿用了"二十四史"中《晋书》的体例。后来，反对设"载纪"的意见比较多，我也就把它撤掉了。那么，"载纪"里的内容放到哪里去写呢？如上面提到的太平天国，不仅是打仗，不仅是军事，还有一些制度，如"天朝田亩制度""守土乡官制""天历"等，都可以放到通纪里写。准噶尔的丘尔干会议，是一项很重要的制度，但不是清朝的制度，在官制里也不能写。跟准噶尔打仗的内容，该写在哪里呢？显而易见，这些内容只能写到通纪里，这就使通纪的内容很拥挤，用八卷写，已显得容纳困难，如只用两三卷，就将使通纪困难重重，无法承受。

二

通纪分为八卷，实际是把约三百年的清史划分为八个历史阶段而设的。清史为什么要划分为八段？为便于说清问题，将各卷内容要旨分述如下。

第一卷：满族兴起和清朝建立（1583—1643）

这段历史是从努尔哈赤以 13 副遗甲起兵一直到清兵入关前，一共六十年时间。努尔哈赤起兵打败了尼堪外兰，统一了建州各部，接着又平定了海西女真辉发、乌拉、哈达、叶赫四部，共花了将近三十年时间，从小到大，从弱到强，一个新兴的民族在东北崛起，直到萨尔浒战役和明朝对抗，使明朝号称的四十万大军全军覆没。又经过多次战争，努尔哈赤进入辽沈地区，之后又进入辽西锦州地区，逼近山海关。满族人口仅几十万人，人口很少，从统一内部开始，花了六十年时间发展成这么大的势力跟明朝对抗。皇太极时，满人屡次突破长城，并且曾经围攻北京，势如破竹，百战百胜。

当时满族人口不多，却取得了这么大的成功！这个问题是值得我们思考的。我认为，第一点是由于满族处于社会发生根本变化的阶段，处于从奴隶制走向封建农奴制的阶段，在这样一个关头，这个民族最容易产生一种蓬勃的朝气。社会发展处于上升的阶段，农业也发达，经济也发达。第二点是由于努尔哈赤和皇太极这两代领袖英明善战，他们想了许多削弱明朝的办法，而且创造了八旗组织。八旗组织是非常坚强善战的组织，把整个满族的人组织在八旗制度之下，整个满族子弟剽悍勇敢，团结在领袖的周围。第三点是由于满族内部民族凝聚力强大，是一个处于上升阶段的民族，是一个在胜利中前进的民族，这时它的凝聚力是最强大的，而且满族能够比较果断地解决内部矛盾。当时的内部矛盾很多，努尔哈赤跟舒尔哈齐的矛盾、跟褚英的矛盾，以及皇太极与其他大贝勒之间的矛盾，还有多尔衮跟豪格的矛盾，但他们善于处理这些矛盾，不至于像太平天国一样闹得一塌糊涂。第四点是由于满族向汉族学习，学习汉族的文化、制度，重用汉人，从李永芳、范文程、洪承畴、孔有德，一直到吴三桂。第五点是由于满族联合蒙古及黑龙江流域的各民族，尤其与蒙古族联姻联盟，获得蒙古族的支持，蒙古骑兵成为清朝的一支劲旅。而跟满族对立的明朝则内外交困，腐败不堪：在当时朝廷外有李自成、张献忠起义，闹得全国各地烽火连年；朝廷内又有党争，东林党、非东林党、阉党激烈地斗争；外部还有满族的进攻。三面夹攻，这样的政权是胜不了的。一看史料就知道这两个政权的不同：一个是焦头烂额、四面楚歌，一个是欣欣向荣。所以人口少的满族政权，将对于它来说是庞然大物的明朝打败了。满族政权也不是一下就把明朝打下来的，而是对峙了很长时间，逐步削弱明朝的枝叶。所以第一卷的内容应该围绕着满族的兴起、清朝的建立，一支非常弱小的、处于偏僻地方的力量是怎么崛起的来写。把这个问题写透了，第一卷就成功了。

第二卷：清朝入关和确立全国统治（1644—1683）

李自成进京后，崇祯皇帝上吊身亡，明朝灭亡，清朝入关。清朝入关伊始，势力限于华北北部，然后扩展到整个华北，后到长江流域以南，跟南明进行了长期的战争。南明失败后，又跟三藩长期进行战争，一共花了近四十年才把南中国统一。这个时间也是很长的。闯王进京，明朝灭亡，对清朝来讲这是问鼎中原的最好时机，如果不利用这个时机，就要失去历史机会了。这个时候，皇太极偏偏刚死掉，多尔衮和豪格两个人争当皇帝，黄旗和白旗争起来，差一点火并。但是，清朝的高明就在这里，它通过内部协调，两个人都不做皇帝，捧出一个小孩——顺治做皇帝，两个人辅助顺治。豪格本是皇太极的长子，应名正言顺做皇帝，但多尔衮能干，权力和势力大，如果他们两人火并起来，也就进不了关了，即使进关也不行。他们能够妥协、缓和，内部解决了这个矛盾，这是历史上很重要的经验教训。当然，后来多尔衮全胜，把豪格关起来，但当时清朝是能够挥师入关的。所以历史的机遇只能被那些善于驾驭局势的能人抓住，如果他们两人只顾争权夺利，就会失去机遇。

  入关以后的四十年中，清朝致力于争夺全中国的统治权，主要是长江以南，对手是南明。南明有三个主要政权——弘光、隆武、永历，一个在南京，一个在福建，一个在西南，再加上农民军李自成的余部和张献忠的余部，从人数来讲还是很多的。南明有不少军队，但太分散、太腐败。南明之后，又有三藩起来，一直到收复台湾（1683），共四十年。我想当时清军入关后，中国很有可能变成南北朝。因为中国历史上，游牧民族入侵中原后一般都出现南北朝：晋朝时候"五胡乱华"，东晋跑到南方去，形成第一个南北朝；第二个南北朝是南宋与金，金国也是占了汴梁（今开封）后，把宋高宗赶到杭州，后来金兵打到杭州，宋高宗又跑到海上，金兵守不住而退兵。因为游牧民族经过中原长期的战争筋疲力尽，到南方以后，天时、地利、气候、饮食习惯、语言等都有障碍，往往过不了长江。但清朝就挥师南下，势如破竹，这是怎么回事？我觉得，一是当年清朝与南明的军事战争，不仅是军事斗争，而且还是一场政治斗争，清朝高明就高明在政治上争取到了汉人的认同。满族本来是一个落后的民族，它的政策是比较落后的，所以入关后就屠城、抢掠、乱杀人，在北方圈地。但是它的野蛮政策逐渐改变，圈地很快停止，顺治四年（1647）、五年（1648）后就停止圈地了，屠城后来也停止了，而且用各种宽大的政策招抚汉民，免除"三饷"，采用科举考试来招抚汉族知识分子。它当然不是一下子就能改变的，但是它在改变。越是清初，政策越严格。反之，南明最根本的要害就是分散，政权林立，各自为政。农民军也很多，李赤心一支、郝摇旗一支、李定国一支、孙可望一支，虽然都奉明朝的年号，实际上个个都是很跋扈的将领，内部斗争很激烈，特别是弘光朝、永历朝闹得一塌糊涂、非常腐败。清朝则号令一致，多尔衮发布命令没人敢违抗。南明虽然力量大，但没有这样集中的力量。再点，清朝打南明，主要利用汉族军队，即吴三桂、孔有德、尚可喜这些人，不是利用八旗兵。汉族军队适应汉族地区的天时、地利、风俗习惯。为什么三藩后来尾大不掉？就是因为打南明时，主要的力量已经不是八旗兵了。清朝的高明之处就在于利用汉人，所以能够在南方站住。三藩的失败是必然的，吴三桂本来招清兵入关，把永历皇帝杀掉，后来又反叛清朝，道义就没有了。对老百姓来说，他毫无威信，这在战争中是很重要的。再加上他保守，守在岳阳一带不再前进，更不行。

  第二卷的内容，大体上就是这样。要讲清楚清朝为什么能够很快打下南中国，而且没有形成南北对立的局面。如果当年形成南北对立，那以后的历史就变化了。没有清朝统一的局面，我认为我们今天就可能分崩离析。

第三卷：经济的恢复、发展和康熙之治（1684—1722）

进入康熙朝后期，也就是康雍乾盛世的开端，在统一南中国、平三藩、收复台湾时，清朝后方起火。一是在黑龙江流域，俄国越过乌拉尔山，跨过广阔的西伯利亚，在几十年的时间里到达太平洋边上。这个速度是很快的，因为西伯利亚空旷无人，没有抵抗。但是，俄国到达黑龙江，建立据点，碰到强大的反抗，跟达斡尔人、赫哲人打得非常激烈。另一件事是察哈尔蒙古的布尔尼在三藩之乱时叛乱。第三件，也是威胁最大的，就是准噶尔汗国在今新疆伊犁崛起。这三支力量，一个在东北，一个在西北，一个在北方，让康熙一面打前边，一面看后边。布尔尼叛乱时，北方都没有军队，都派到南方去了，当时满族还比较能战，是图海率领满族的家奴去打的。东北方面，清军在雅克萨战争中打败了俄国，双方签订了《尼布楚条约》，安定了中俄东段边界。《尼布楚条约》所划的边界比我们现在的领土要大得多。布尔尼也很快平定下来。西北方最主要的敌人是准噶尔汗国，它的根据地在伊犁，军队很强大，已经把天山南北都占领了。往西打到哈萨克，现在中亚细亚的大部分国家当时都是它的势力范围，东边袭扰整个外蒙古，往南威胁内蒙古，外蒙古的领袖包括哲布尊丹巴，三个大汗往南跑到康熙这里来求援。北方相当紧张。这个时候康熙发兵，在乌兰布通把噶尔丹打得大败，噶尔丹逃到外蒙古。当时的行军很困难，清军进不了外蒙古，双方相持了很长时间。直到乾隆元年噶尔丹病死，这场持续了七八年的战争才告一段落。但准噶尔汗国的问题并不是那么轻易就解决得了的，虽然它往南攻打北京的威胁解除了（乌兰布通离北京只有400公里），但是它的老窝伊犁仍然被噶尔丹的侄子策妄阿拉布坦占领，清朝跟策妄阿拉布坦时战时和。策妄阿拉布坦曾经派军队进入西藏，所以康熙末年有一场允禵援藏战争。那场战争一开始也是清军全军覆没，后来派十四皇子允禵去，还有岳钟琪、年羹尧，他们也都是在那场战争中崭露头角的。雍正时又在外蒙古发生和通泊战役、光显寺战役。和通泊战役中清朝军队几乎全军覆没，双方打成平手。乾隆初年（1736）开始讲和，以阿尔泰山为界。乾隆十年（1745），噶尔丹策凌死掉，他是准噶尔汗国比较英明的领袖。他死后准噶尔内讧，达瓦齐上台，排斥异己，准噶尔很多人跑到内地投奔乾隆，这给了乾隆一个千载难逢的时机。说实在的，当时准噶尔汗国要是不内讧，清朝政府就无法统一。因为当时到新疆去打仗谈何容易，没有先进的交通工具，靠马，靠步行，粮食也很难运输，当时也想办法商运粮食，在北京一两银子可以买到的一石米，运到那边要十七八两银子，开销很大，仗没法打。所以乾隆看到准噶尔内讧，决定平准，把来投奔的人都派回去，让他们自己打自己。出兵时朝廷的许多大臣都反对，乾隆说所有的人都反对我平准，说这是劳师无功。特别是刘统勋，这个人是迂夫子，他说没有粮食。那时还顾得了粮食啊！你进去吃人家的呀！因地就粮。他说粮食要准备三年，三年之后时机早就过去了，你打什么仗啊！清朝就是这样进入新疆的，而且先锋就是那些投降过来的人马，主要是阿睦尔撒纳。进入新疆后，清朝军队因为粮食跟不上，所以一进伊犁，把达瓦齐抓住后，清军马上撤退，只留了几百人。于是准噶尔又重新起来反抗，把驻守的军队都杀掉了，这就有了第二次平准。这中间的曲折我就不说了。平下来以后，打大小和卓就顺理成章，比较容易了。这样，我们才实现了国家的统一，奠定了中国的版图。不经过这些战役，国家的统一就难以实现。在当时的新疆，蒙古人是主要的，由于他们反复叛乱，乾隆非常恼火，采取了屠杀政策，应该说这是一种民族灭绝政策。可见战争是血腥残酷的，进步的事业也是要用残酷的代价换来的，绝没有什么仁慈之师。乾隆不好说把他们都屠杀，他叫"办理"，把这个人给"办理"了。他要求进关"办理"，不要在新疆杀掉。我们肯定他的这场战争是进步的，没有这场战争，中国统一不了，但是这场统一战争付出了很惨痛的、血腥的代价。这些我们将来写的时候都要表现出来，不能说好就都是好的，什么缺点也没有。

康熙在北方打仗的同时，还抓中原地区的经济恢复。康熙中叶以后特别注意这方面：治河，治黄河不惜工本；垦荒，因为经过大战乱后人死得多，没有人种地，把荒了的田地都垦出来；北方是挖井，雍正时光陕西一省就挖了五万口井。平定三藩后，100年没有战争，经济能够恢复、发展，这是首要和根本的条件。中原地区长期的安定为康雍乾盛世创造了条件，所以康雍乾盛世包括两个方面：一个是统一，另一个是经济。这是第三卷的重点内容。

第四卷：雍正改革和乾隆统一全国（1723—1776）

康熙后期问题也多了。一方面儿子太多，二十多个儿子抢帝位抢得一塌糊涂，抢得康熙都哭，太子立了又废，废了又立，闹得很厉害。另一方面官员贪污，吏治败坏。康熙时的官饷很少，也是低薪制，三藩之乱时全国知县不发俸银，要自己想办法养活自己，于是搜刮加剧，后来逐渐好转。雍正上台，我们不管他是合法的还是非法的，对此学术界分歧很大。我认为他是非法的，但他上台后厉行改革，严厉惩治贪官，成立"会考府"，就像我们今天的反贪污办公室。雍正还从制度上进行整顿，实行高薪，耗羡归公，设养廉银等。没有雍正的改革，乾隆难以为继，所以应当肯定雍正的功劳。虽然雍正与准噶尔打仗时，没有打大胜仗，但是他在改革内务上很有成绩。从雍正以后，国库的存银逐渐增加，国家有钱了。

第四卷从雍正上台一直到乾隆四十多年，这一段是康雍乾盛世的后期，也是最高峰。一个是乾隆二十年（1755）以后两次平准、一次平回，完成全国的统一，这是中国历史上极大的功绩。经济上又继承了康熙的有关政策，军事上向周边移民。中国从康雍乾开始移民的方向不一样了。之前中国历史上的移民都是从北向南——从黄河流域向长江流域、从长江流域向珠江流域移民。康雍乾时期人口极度增加，移民向四面八方移动，中原地区是核心，向南移民、向西移民，很多新疆移民就是从这个时候开始的，还向东北移民。东北在清初时人口极少，南怀仁记载他跟康熙到松花江去，一过铁岭，全是大森林，蔽天遮日，铁岭在辽宁省，吉林、黑龙江也都是大森林、大沼泽地。生态环境在清朝一朝被破坏得很厉害，森林都被烧光了。所以我们有一卷《生态志》，要写一写生态环境的破坏，这个工作是很艰巨的。农业上，乾隆大兴水利，有一次黄河青龙冈决口，花了两年才堵上口子，用了半年的全国财政收入，不惜工本。清朝皇帝十分注重农业、关心农业，档案馆里保存着粮价雨水条子，每一年每个月各县都要上报本地下雨几寸，粮食价格多少，大豆多少钱、米多少钱、小麦多少钱。我想把这部分档案全部整理出来，这是大范围的经济和气象资料，全世界没有这么大范围、长时间的资料，这都是珍贵的历史资料。乾隆时期经济上的繁荣可以说达到了历史上的最高水平。明朝以前，中国历史上的人口纪录最高没有超过8000万，当然实际人口可能达到甚至超过了1亿。清朝就不一样了，乾隆六年（1741）人口为1.4亿多，这是正式统计，比较准确，乾隆末年人口3亿，道光时有4亿，道光以后一直打仗，到民国时期也没有增加。明朝以前，中国粮食的生产能养活不到1亿人，到乾隆时养活3亿人，粮食生产增加1倍多，这还不算历史上的最高水平吗？农业国的经济就是看农业生产，粮食生产多了就说明经济发展水平高。我认为清朝的经济发展水平超过了汉唐。汉朝是6000万人口，唐朝最多是8000万人口，只能生产养活这么多人的粮食，而清朝有养活3亿多人的粮食，所以经济发展水平肯定超过汉唐。在世界上有两种统计：一种说法是当时中国的农业产量占全世界的32%，比当时全欧洲生产的粮食还多；另一种说法是占当时全世界的24%，差不多占1/4。究竟哪一种准确，我现在也没法判断，将来我们写的时候能不能把它搞清楚？究竟当年的GDP是多少？这个工作也是比较难的，但不妨做一做。当时清朝经济确实达到了一个很高的水平，工农业的产值全部超过当时的欧洲，就是当时的英国、法国、德国、俄罗斯等加起来还赶不上一个当时的中国。当然那时他们的人也比较少，全欧洲的人口到不了3亿。特别是英国、法国，人均生产水平比我们高，生活水平比我们高，劳动生产率比我们高，走在我们前面，但是那时他们还没有经过产业革命，产量的增加还很有限。当时的中国可以说是全世界的经济大国，这个资料是我从肯尼迪的名著《大国的兴衰》上找到的，当然，他说的也不一定可靠、准确，但他是有根据的，是引用了一个统计学家的研究。

为什么中国有康雍乾盛世的到来？一个原因是当时的世界潮流，中外的接触增加了。尽管中国当时实行闭关政策，不和外国接触，但是实际上做生意的商人、传教士到中国来得很多；中外贸易也达到很高水平，丝、茶出口量很大，白银大量输入。最近有一本书《白银资本》，说当时全世界有1/2的白银输入中国来了，中国的贸易量大大增加，跟以前大不相同了。另外，雍正改革也使得国内政治、经济各方面的制度有所改进。但是所谓盛世繁荣，不能光看到盛世，不能光看到繁荣，还要看到繁荣下面掩盖的阴暗。如果跟当时世界的其他国家相比较，虽然我们国家的 GDP 相当高，但是我们仍然是封建国家，仍然是小农经济的汪洋大海，仍然是牢不可破的专制主义，传统的阻力非常大，难以前进。所以，尽管 GDP 相当高，但后续的发展劲头就差了，表现在：一是专制政治太强大。人民没有权利，不像欧洲出现了市民阶级，掌握了一部分权利，逐渐向中产阶级发展。二是闭关自守。全国人民不了解世界是怎么回事，虽然当时的清朝已经与世界开展了规模相当大的交流，但是不允许老百姓接触外国人，比方洪仁辉的案件。洪仁辉跑到北京去告状，他本人没有被杀掉，给他写状子的汉人倒被杀掉了，就是不允许中国人与外国人接触，妄自尊大，觉得我是天朝上国，你们都是蛮夷小邦。三是重农轻商。重视农业，轻视工商业，不保护、不奖励工商业。四是轻视科学，科学技术被认为是奇技淫巧。这样一些阴暗的东西阻碍着中国的前进，使中国没有持续前进的动力。而当时西方的英国，生产发展阶段是处在从一个社会进入另一个社会的上升时期，朝气蓬勃，一日千里。中国却停滞在那里。所以康雍乾时期是发展到高峰，又跌落下来，也必然要跌落下来。存在这样一些问题而不能解决，就无法突破封建制度的框框。

那么，当时中国有没有前进的可能呢？也不能说没有。因为历史就是不断给人们提供选择的机会，就看你怎么选择。当然，如何选择也不完全取决于主观的因素，也取决于客观氛围、环境、条件。清朝有选择的机会，譬如闭关政策。由于闭关政策，中国人被限制不能出洋，不能了解外国，但是也不是说没有机会突破。乾隆二十四年（1759），洪仁辉上北京告状，告广州海关官员贪污，他请求多开口岸——当时是广州一口通商，别的地方不能做交易，他请求在宁波、厦门等地方做交易。当时清朝也讨论过这个问题，要求督抚们上书，讨论能不能多开放口岸。有的官吏主张多开放，大部分官吏主张不要开放，特别是广州的官吏反对开放别的地方，因为开放了别的地方，广州的生意就少了，所以两广总督杨应琚坚决反对。乾隆在犹豫，他觉得开的话跟广州税收一样，可能好一点。最后讨论的结果是没有开放，这是一种选择的机会。科举制度也是如此，当时很多人觉得科举制度很不好。当时的小说《儒林外史》《红楼梦》《聊斋志异》都反对科举制度,包括许多大官都说科举制度不好,但是改革不了。舒赫德曾经上奏折提出取消科举,后来被鄂尔泰驳斥。这个问题引起过争论,乾隆皇帝也没有改革。如果舒赫德的意见占了上风,真正能把科举改一改,或者能把通商的口岸多开一点,跟外国多接触,对中国是不是有好处?当然今天很难说,我们也不能注重历史假设。不管怎样,清朝是有机会选择前进的,但它没有前进,这就是历史的惰性。所以,传统既是我们宝贵的财富,也是我们沉重的负担。背着一个很长久的传统,往往改革和前进是比较困难的。这是第四卷康雍乾盛世的内容。

第五卷:清朝中衰(1777—1839)

1776年金川战争结束。金川战争从性质上讲,也是一场统一战争,但是它与平准、平回的意义不可同日而语。这场战争的起因是内地四川的割据势力挡住了由四川进入西藏的道路,所以不平金川就不能很通畅地进入西藏。虽然它是规模最大的战争,花了7000万两银子,打的时间很长,花的力气最大,但实际上金川只有五万人。清朝出动了十几万军队,战争得不偿失。金川战争结束,统一的任务完成。就在这个时候,发生临清的王伦起义,这是中原地区第一次大规模的农民起义。中原地区太平了一百年,到这个时候又掀起农民起义,表明国内固有的阶级矛盾激化,土地兼并严重。到1796年,也就是乾隆禅位的第二年,爆发了白莲教起义。白莲教起义后,起义连续不断,南方是天地会起义,北方是林清、李文成起义,以及各教门的起义,一直到太平天国运动。外国势力也越来越多地进入中国,1793年马戛尔尼使团来华，20年以后又有阿美士德使团来华。中国那时在对外贸易上始终保持着顺差，外国人的白银输入中国，购买丝、茶等，他们没有什么东西能够运到中国来卖，开拓不了市场，这时就开始输入鸦片了。一下子，鸦片泛滥。这个时候，中国越来越落后于世界了，也没有机会打开国门来看一看世界，甚至最先进的知识分子也不了解外国是什么情况。英吉利是个大国，它究竟在什么地方，有多大，谁也不清楚。这样，终于在1840年爆发了鸦片战争。落后就要吃亏，落后就要挨打，历史又进入了新的阶段。第五卷是乾隆后期到嘉庆、道光时期，这一时期中国的发展处在停滞状态，又困于矛盾之中，内部的矛盾就是农民起义，外部的矛盾就是外国越来越进逼中国，而且已经用大量的鸦片输入来撞击中国的大门了。

第六卷：外国武装侵略和国内农民战争（1840—1864）

第六卷的内容进入了近代，从鸦片战争到太平天国被镇压。这一段历史对清朝来说是沉重的打击。矛盾爆发，清朝面临着大危机、大灾难。一个是太平天国占了南中国的很多地区，另一个是英法联军占领了北京，火烧圆明园，咸丰皇帝逃到热河，南北夹攻，眼看着清朝就要灭亡了。这个时候清朝处于极端危险之中，但清朝却没有在这个时候灭亡真是个侥幸！历史的发展出人意料，为什么清朝能够支撑过去，还能恢复过来呢？恐怕有三个原因。第一个原因是太平天国的迅速腐败。1856年杨秀清、韦昌辉内讧，韦昌辉杀掉杨秀清，不仅杀掉了他一个人，而且把杨秀清的部属几万人都杀掉了，这些人都是广西来的老战士。之后，洪秀全又杀掉韦昌辉，石达开又带兵跑掉。这样一下子，太平天国元气大伤。本来从金田起义以来，太平军势如破竹到了南京，就在形势很好的时候，爆发了这场内讧，使太平天国元气大伤。所以太平天国不可能抓住历史的时机打败清朝。到了1860年第二次英法联军战争的时候，太平天国没有恢复元气，不可能再北伐。第二个原因是英法侵略者态度的改变。他们在鸦片战争的时候是打清朝，到了第二次鸦片战争的时候就是既打清朝又帮清朝了。他们要在中国搞一个统治的工具，所以从打到扶有一个策略上的转变，扶持清朝来对付太平军。当然他们开始也想扶持太平军，后来没有扶成，这一点就不说了。第三个原因是国内汉族地主阶级的崛起，也就是湘淮军的崛起。太平天国战争中，向荣的江南大营崩溃以后，清朝的整个军事体系已经被摧毁了，八旗军不行，绿营兵也不行，清朝就是靠着湘淮军，曾国藩、李鸿章、左宗棠这些人，取代了满族的八旗以及绿营。由于这样的三个原因，清朝又能够恢复元气，把太平天国打下去。从此形势发生了根本性的变化，跟鸦片战争前的形势完全不同了。

最大的不同就是外国势力的入侵，中国社会上不再是地主和农民两支力量，还增加了一支外国侵略势力。从此中国社会产生了两个任务。第一个任务是抵抗外国的武装入侵，外国欺负你，你必须进行抵抗。当然由于力量悬殊，打不过外国，事实确是如此。但打不过也必须抵抗，因为妥协就更没有出路。妥协，求和，列强还是要欺负你，战争的性质就决定了这一点，这是一场侵略战争。人家要打你，你即使不抵抗也躲不开这场战争，而且如果不抵抗，你的民族精神就萎缩了，就失去了民族的信心，失去了民族的尊严和凝聚力，就很危险了。进行抵抗，则可能在抵抗中得到锻炼，得到成长。为什么说近代的主和派误国，就是上述原因。我的看法不一定对，李鸿章打日本也是这样一种情况，当时确实是打不过日本，但不打不行，日本要打你。对日本而言，不打败中国就起不来，就不会成为一个资本主义国家，只有打败中国，从中勒索很多赔款、土地，它才能够得到原始资本积累。所以日本非要打中国不可，你没法退让。当然李鸿章也有他的考虑，他觉得不打，请别的国家调停是不是也可以，历史证明这条道路是走不通的，必须抵抗。妥协之后，不仅要赔款，还要割地，而且失去了民族信心和尊严，这更危险。这是一个任务——反对外国侵略，这个任务一直延续下来，可以说是从清朝中叶一直延续下来的。第二个任务就是必须要向侵略者学习。这就矛盾得很，要抵抗侵略就必须要向它学习，要"师夷长技以制夷"，否则无法抵抗。学习先进的事物、先进的文化、先进的制度，学习西方，实现近代化，就是近代化的任务。一个是抵抗外国侵略，争取民族独立的任务；另一个是实现近代化的任务，这两个任务一直到现在还是有效的。当然形势不一样了，但这两个任务从这个时候就开始产生了。不学习就不能前进，不学习外国的长处抵抗就会不断失败，而且爱国行为、抵抗行为就会转化为盲目的排外，正义的爱国的抵抗就会变成非正义的排外的屠杀。义和团就是这样，抵制侵略发展到对一切外国人不分青红皂白地屠杀，本来正义的反抗，就变成了非理性的活动。所以，从此抵抗外国侵略和向外国学习的任务一直贯穿于中国近代历史中。

第七卷：清朝自强运动及其失败（1865—1895）

从太平天国失败到甲午战争失败，这30年的主要历史内容就是洋务运动。这个时候中国面临几千年未有之大变局，社会的各种事物都在变。外国势力进入中国后，整个封建社会向半殖民地半封建社会转变，各种事物和人都在变化。

洋务运动的历史充满着外国的侵略，也充满着和外国的谈判、交涉、妥协、反抗。19世纪六七十年代，发生修约热潮，通过修改条约进一步侵略中国；又发生很多教案，如天津教案、浏阳教案等；接着发生马嘉理事件，马嘉理在云南被杀，中英在烟台进行谈判；接着是琉球交涉，日本侵占琉球，就是现在的冲绳；接着是伊犁交涉，俄国侵占了伊犁，中俄剑拔弩张，几乎打起来。19世纪80年代，中国与法国在安南（现在的越南）发生战争，与日本在朝鲜引发冲突，一件事情接着一件事情。在此中间，清朝也还有抵抗的一面，所以它也要整顿武备，也要学习外国，建立北洋海军。北洋海军当时在全世界是名列前茅的，日本的舰队一开始赶不上北洋海军，到甲午战争前夕才赶上了。但是，清政府跟外国也有妥协的一面，好多仗都没有打起来，只有中法战争打起来了，虽然中国战胜了，但结果订了一个屈辱的条约。无论是抵抗还是妥协，都不可能胜利。因为胜利与否取决于国家的实力，当时中国的实力不行。但在抵抗中还有希望，还能够得到锻炼和成长，所以反侵略的任务演变得越来越艰巨。

另外，学习西方，实现近代化的任务提上了日程，这个任务和反侵略的任务同样重要。清朝开始认识到西方的船坚炮利，于是学习开兵工厂,开了上海、南京、天津、福建四大兵工厂,跟着开办轮船招商局、开平煤矿、上海织布局、漠河金矿等。工厂、铁路、矿山、轮船带来了军事上的利益和经济上的利益。同时又急需人才,因为开工厂邀请外国工程师,但没有翻译,于是开同文馆,开船政学堂,送学生到美国去留学。詹天佑、唐绍仪等第一批留学生送出去时都是12岁的小孩,准备学九年。此外,清朝还组建北洋海军。中国在近代化的道路上迈开了步伐。但是,中国的传统力量太大,顽固派的势力太强,想要创新和改革阻力重重,非常困难,每走一步都要碰到顽固派的反对。如果仔细看看那些资料,这三十年的历史真是令人长叹。轮船招商局开办以后不久就遭到弹劾,1873年开办,1874年就弹章山积,那些御史骂轮船招商局贪污,骂李鸿章,总算李鸿章顶住了他们的弹劾,但轮船不准开到他们的地方,湖南就不准轮船开进去。北京要开同文馆,招收一批科举出身的高级人才进馆学习外国语言文字,结果大街小巷的揭帖多得不得了。以大学士倭仁为首,骂奕䜣"用夷变夏"。奕䜣没办法,上奏折请倭仁来管同文馆。皇帝下谕旨让倭仁来管,倭仁故意从骑的马上掉下去,说受伤了要休养,不能管了。招科举出身的人也没有招上来,所有科举出身的人员全部抵制,科举出身的人员都是中国的精英,结果没有一个人来考,同文馆内凄凄凉凉。派了12岁的小孩去留美学习,准备学九年,到了第五年都撤回来了。为什么呢?说这些孩子在外国辫子也剪掉了,西装也穿上了,有的信了基督教,每周去做礼拜。那些官僚一看,这还得了!结果没学完就被撤回来了。当时容闳、李鸿章都反对撤回,但挡不住。造铁路争论了十年，从刘铭传、李鸿章开始上书要建铁路，争论了整整10年。朝廷里一片反对之声，说铁路一开要轧死人、破坏风水、造成很多挑夫小贩失业等等。李鸿章在唐山到胥各庄之间开了一条十几里的铁路运煤，开始不敢用蒸汽机，在轨道上用马拉，可见阻力之大难以想象。后来为了说服西太后，在中南海到北海之间修了一条铁路，现在档案都还在。我觉得西太后是李鸿章的学生，李鸿章教她学习外国，很多事情李鸿章也是在西太后的支持下才能进行下去，否则在全社会没有多少人赞成的情况下是进行不下去的。洋务运动搞了三十年，有几个科举人员出来干洋务的？没有。风气闭塞，开风气是非常难的，老牛破车，中国的传统势力太强大，传统的包袱太沉重，一下子甩不掉。

中国是这样，日本却抓住了历史机遇。日本和中国一样也是一个封建国家，但是它的包袱比较小，比较早地接受了西学。它的明治维新跟我们的洋务运动是同时起步的，但它走得快。日本也派留学生，一大批一大批被派出去；也开工厂，比洋务运动的煤矿、轮船招商局开得还晚。但到甲午战争之前，日本已经开了国会，成立了议会，制定了宪法，用30年时间走在了中国前头。当时的历史形势就是这样，中国和日本在竞赛，谁走在前头谁就上来了。如果当时中国打败了日本，中国就上去了，日本上不去；反之日本打败中国，中国就上不去，日本上去了。这是一个你死我活的竞赛。中国就是由于老牛破车，走得慢，结果甲午战争失败，割地赔款，台湾省被割走，本来辽东半岛也割走了，旅顺、大连是由于三国干涉，花了3000万两银子赎回来的。甲午战争赔款两亿，相当于当时日本六年的财政收入，日本把这些钱用来扩大军队、开军工厂、搞教育、建铁路，一下子上去了。在那样的世界里，中国落后，就要受人家的欺负、蹂躏。

第八卷：清末改革和清朝覆亡（1896—1912）

这一段是从甲午战争之后，一直到清朝灭亡的历史。甲午战争之后，列强瓜分中国，日本割去台湾省，别的国家跟着效仿，争先恐后，德国分走山东，俄国分走旅顺、大连，英国分走长江流域，法国分走华南，都来瓜分中国。甲午战争和当时瓜分中国的局面促使了中华民族的觉醒，反对割台的声浪惊天动地，台湾省的老百姓、北京的举人都强烈反对，这是中国群众运动的开始。接着就是戊戌变法。戊戌变法时，中国也是封建力量太强大，维新力量太弱小。要改革科举，当时的知识分子都是靠科举上去做官当老爷的，把这个生路断了，他们干吗？所以要废止科举很难。要改革军队，裁军，也是闹了几十年，洋务运动的时候就说要裁军，各省的督抚纷纷反对。要把旧的军队裁掉，另外拿钱去练新军，新军归你们管，哪个总督、巡抚肯干呢？士兵也不干，军队裁员后他们就失业了。要办教育、开学堂，当地的士绅都不同意，说把外国的东西都弄进来了。连和尚、道士都不干，因为要搞学堂，一般都是把庙宇改成学堂。要裁冗员，精简机构，北京城的官吏都反对。所以反对的力量太大，维新派只有几个知识分子，既没有军队，也没有群众，怎么能够胜利？当年，器物层面的改革，就是轮船、枪炮、铁路、火车等，逐渐显露出好处来，人们可以接受了。但是，制度层面上的改革和思想层面上的改革，人们不接受。什么叫立宪，什么叫宪法，什么叫民权，人们都不知道，只认为纲常伦理至高无上。所以维新派被孤立，结果慈禧太后发动政变，当然政变里也有一个策略的原因。当时维新派走投无路，就想包围颐和园劫持慈禧太后。本来我们认为这个事情可能是袁世凯造谣，但现在看来实有其事。在日本发现了毕永年的日记，记载了"围园劫后"的详细情况。维新派想孤注一掷，劫持慈禧太后，让光绪帝出来下命令硬干。即使这件事成功也不行，因为当时的阻力太大了，何况当时没有成功。所以慈禧太后一个谕令，维新派人头落地，六君子牺牲。

戊戌变法是清朝挽救自己的最后一个机会，虽然这个机会成功的可能性不大，但是错过了这个机会，清朝走向灭亡就是不可避免的了。清朝只能走向灭亡，没有第二条路。所以戊戌变法以后，特别是义和团以后，社会上的精英分子很快站到了清朝的对立面，很快走向了革命。孙中山在成立兴中会的时候感叹没有人跟着他走，当时人们都是跟着清朝走。于是孙中山本人开始向李鸿章上书，想革新，后来他才觉悟要进行革命。到了戊戌变法、义和团的时候，还有很多人想跟着清朝走，但是戊戌变法、义和团失败后，很多人很快地转向了革命。所以，20世纪中国革命的潮流汹涌澎湃，势不可当。历史证明，在中国这样的国家，要改革几千年的传统，阻力非常大，只有各种社会力量汇合起来，和旧势力决一死战，才能够冲破这种阻力。所以中国革命的形成，从某种意义上说，是旧势力强大的反应和刺激造成的。所以革命是客观形成的，而不是谁制造出来的，某个革命家制造革命是不可能的。孙中山当年在兴中会时感慨没有人跟他革命，到了20世纪，人一下子都来了，这是由于整个客观形势的变化。

有一种论调是"告别革命"。我说革命是告别不了的,你要跟它告别,它还会来找你。要想跟它告别,你就会变成反革命,康有为就是典型。康有为本来是进步分子,但他不愿意革命,结果他变成了保皇派,后来张勋复辟时,他变成了复辟派,成为反革命。告别革命就成为反革命,这是客观的历史形势,不是任何人制造出来的。历史形势的发展表明,中国这样的情况不可能走英国、日本那样的道路,必须要用积聚的全部社会力量打破旧的反抗,历史才能前进。把社会力量积聚起来,这就是一种革命形势。义和团本来是在民族危机下农民自发的爱国运动,但是它排斥新事物,笼统地反对西方,拔电线杆,拆铁路,杀"大毛子""二毛子",不加区别地对外国人滥施屠杀,变成一种盲目的、失掉理性的排外运动,这也是一种历史的悲哀。最后和慈禧太后这样的守旧势力合流,跟八个世界上最强大的国家宣战,失败是必然的。后来清朝搞新政,搞立宪,想在这样的形势之下挽救自己,但是为时已晚,时机已经过去了。历史就是这样,时机过去了就不会再来,形势已经整个改变了。戊戌变法时没有这种群众的革命形势,到新政时革命形势已经起来了,人民已经不允许你再搞了,内外矛盾更加激化、复杂,清政府在人民心目中完全失去了威望和尊严,成为一个卖国政府。革命派的势力抬头了,孙中山的威望上来了。同时,在新经济、新文化之下发展起来的立宪派希望通过立宪限制专制的权力,争取到个人的发展,清朝也不愿意把权力给他们。还有汉族的袁世凯这些人,也跟清朝闹矛盾,结果被以足疾开缺回籍。所以清朝的最后几年满族亲贵搞集权、搞皇族内阁时,全国一片反对之声,人民反对它,革命派反对它，立宪派反对它，连汉族地主也反对它，你说它还能有活路吗？可以说是众叛亲离。所以武昌起义一声枪响，全国响应。孙中山在外国都不知道此事，是在火车上看到报纸才知道的，武昌起义也是同盟会有计划的行动。革命到时候就要爆发，没人领导它也会起来，不可避免。所以登高一呼，各地响应独立，清朝对中国268年的统治土崩瓦解，清朝就此灭亡。清朝灭亡是政治上的一件大事，结束了两千多年的封建专制，开创了共和国，这是中国人民的一个伟大的胜利、伟大的前进。

三

以上简述了清朝近三百年的历史，这是一个轮廓、一条主线，作为贯穿新修《清史》全书的线索。但是，很简单、很粗糙、很不全面、很不深刻，希望大家讨论、指正，看看这样的线索行不行。历史本身是生动丰富的，近三百年的清朝历史像一条万里长江，源远流长、波澜壮阔、气象万千、雄伟壮观，你怎么样来认识它？怎么样来认识长江的真面目？你不能把长江的某个河段、某个景点、某个港湾看作长江，三峡虽然宏伟，但它只是长江的一部分，不是长江的全部，因此你只能把它浓缩，才能看清它的全貌。虽然长江的本来面貌不是一条蚯蚓般的小线，但只有浓缩到地图上，我们才能看到它的源头、它的入海口、它流经的省份和城市、它接受的支流，也才能相对看清它的漫长曲折，看清它何处是奔流的，它何处是拐弯的，等等。从这个意义上来讲，地图上的长江最接近于长江的全貌。为了认识全貌，浓缩是必要的。我不自量力,把近三百年的历史画成了一条线,画得像不像,希望同志们指正。因为我们写《清史》必须要贯穿一条主线,必须要有鸟瞰式的全景,必须要浑然一体。我阐述前八卷的内容,用意就在这里,就是使我们将来写出来的东西不至于支离破碎,要有一个主线来贯穿,至于这条主线是否合适,还请各方专家、学者多加批评、指正。

第四辑 史学方法与史识的养成

资料、思想、文采、道德①

——对历史学家的四项要求

当前，历史科学虽有长足的发展，但也碰到了许多问题和困难。国家由于财政困难，对人文科学研究的投入不足，学校缺少经费。历史学人才的培养颇不景气，教学和研究工作待遇菲薄，学生望而却步，故招生的生源不足，毕业生就业的渠道不畅，经商成风，旁骛他业，使人才不能脱颖而出。社会主义现代化事业非常需要人文科学、需要历史学人才。其实，社会要培养一名合格的历史学家是很不容易的，不仅国家要投入，学校要重视，学生本人更要付出艰辛的努力。所谓"百年树人"，是说要造就人才，必须在很长的时间内形成重视人才、培养人才的良好风气与环境。

前人说过，优秀的历史学家应具备史学、史识、史才、史德。我把前人说的这八个字转换成"资料、思想、文采、道德"。含义不完全相同，而大体上还是接近的。"学"是指知识、资料、信息；"识"是指理论、思想；"才"是指文才、才华；"德"是指道德、人格。这是对历史学家四个方面的要求。每位历史工作

---

① 原载于《历史教学问题》，2000年第1期。

者必须从这四个方面下功夫，努力锻炼，不断提高，才能成为合格的以至优秀的历史学家。

一、资料

科学研究必须重视资料，重视知识信息，历史学家要掌握丰富的第一手资料。我们的研究是从事实出发，对事实材料进行归纳、分析、综合，抽引出规律，而不是从概念或定义出发，也不是单凭头脑玄想。没有丰富而确凿的材料，就不能进行科学的概括。资料对于研究者来说，犹如水对于鱼，空气对于鸟一样。离开了水，鱼就不能游动；离开了空气，鸟就不能飞翔；离开了资料，研究就不能进行。丰硕的科学之果是在坚实的资料的树干上结出来的。

客观世界，浩浩茫茫，无限广阔，反映客观事物的资料也是无限繁多的。古人形容资料、书籍之多，或云"浩如烟海"，或云"汗牛充栋"，或云"一部二十四史不知从何说起"。其实，"二十四史"篇幅并不大，共只3236卷，已号称繁富，学者难窥全史。像记载清朝一代历史的《清实录》有4404卷，《古今图书集成》有一万卷，《四库全书》有79070卷，"二十四史"与这些大书相比，真是小巫见大巫。至于历史档案馆中贮存的档案册籍更是多得不可胜数。中国的全部文献遗存究竟有多少？至今还弄不清楚。我们一辈子搞历史研究，犹如在浩渺无际的资料海洋中漂航，穷毕生之力，也仅能窥测到资料海洋的某个角落，范围很小。人的生命有限，而知识无穷、资料无穷。因此，每个研究者都有自己的研究方向、研究领域，专攻某个学科的某门专业，按照一定的方向和题目去读书、研究，去收集并积累资料。人类的全部知识，是由许多学者分工合作进行研究的结果。人类知识日益丰富，专业分工日益精细，越来越难出现那种精通许多专业的全能式学者了。

"博"和"专"是摆在每个研究者面前的一对矛盾。研究者应更多地浏览书籍，尽可能广博些，用各种知识武装自己。学问越广博，眼界越开阔，才能够高屋建瓴地思考问题，博学才能够深思。"博"能够促进"专"，提高人的研究能力。但个人认知的范围是有限的，不可能穷尽全部知识，只能成为某个领域的专家。所谓"专业化"，就是研究领域的窄化，只有窄化了科研领域，才能集中精力，攻克难关，取得成果。在某个窄小的专业范围内，要求研究者的知识和资料越多越好，对资料的占有最好做到"竭泽而渔"。

资料并不是现成地、完整地集中在一个地方，而往往是分散庋藏、凌乱无序。因此，收集、整理、积累资料是很艰苦的工作，要跑到各地方去探访寻找，风尘仆仆，奔波劳碌，日夜阅读，手不停抄。有时候跑了许多天、许多地方，也找不到自己需要的资料；有时候资料找到了，但人家不肯给你看，或者索要很高的价钱，或者给你吃闭门羹。为了找资料，可能会碰到很多困难，切不可灰心丧气，要不嫌麻烦、不辞劳累、不怕挫折，要有一股韧劲，锲而不舍，持之以恒，才能积累越来越丰富的资料，向着科学的高峰攀登。

阅读和抄录资料，要花费很多时间和精力。只能逐字逐句摘录抄写，并无捷径可走。如果不抄资料，单凭记忆，长年累月，所积既多，即使你的记忆力超常出众，也不可能记牢、记准。今后，计算机技术也许可以简省抄录工作，但目前的科学技术尚未达到可以全部简省抄写工作的程度，在未来一段时间，抄写工作尚不可省。

古往今来的大学者都在资料方面花费大量的时间和精力，顾炎武谈到他著作《日知录》的过程时说："愚自少读书，有所得，辄记之……积三十余年，乃成一编。"（《日知录》自序）郭沫若自述其研究先秦诸子，如《管子》《吕氏春秋》，翻来覆去把书读过好几遍，把材料分门别类摘抄在本子上，有些篇章几乎是整篇抄录的。明史专家吴晗，早年在清华大学任教，经常到北京图书馆阅览。他读《朝鲜李朝实录》时，发现其中有许多有关明朝和清朝的史料，这些都是当时朝鲜人来到中国的所见所闻，为中国史书所不载。他将这些资料抄录下来，长期坚持，不辞劳累，积累了 400 万字，编成《朝鲜李朝实录中所见中国史料》，共 12 册，直到吴晗同志逝世后，方才出版。这是今天研究明清史十分重要的书籍。

二、思想

收集和积累资料十分重要，但这还只是研究工作的开始，而不是终结。研究工作要运用分析推理，从资料中引绎出规律。因此，如何开动脑筋，分析资料，把智慧的光芒投射到看似没有条理的、凌乱的资料上去，进行思考，"由此及彼，由表及里，去粗取精，去伪存真"，使感性认识上升到理性认识，这就是进行科学的概括、科学的抽象，也是研究过程中决定性的环节。科学研究是精神领域中的创造活动，要去探索未知的领域，揭露事物的本质，如果仅仅停留在资料的收集、抄录、排比上，还不能算是完成了科学研究。因此，对于刚刚在研究道路上起步的人，养成思考习惯、锻炼思考能力是十分重要的。

锻炼思考能力，一是要发现问题，勤于提问，善于提问，勇于提问。提出问题可能是提出科学新说的先声，有了问题，蓄疑于胸，以后就会为寻找答案而力学深思，上下求索，取得研究的成果。威廉·哈维是创立血液循环学说的生理学家。在他之前，人们都认为血液的流动是直线进行的。威廉·哈维提出了一个非常简单的问题，即通过心脏、直线行进的大量血液，既没有排出体外，也没有被身体吸收掉，那么它最后流到哪里去了？据说，他带着这个问题进行研究，经过观察、分析、实验，发现人体内的血液是循环流动的。

锻炼思考能力，要善于发现矛盾，抓住矛盾，追溯究竟，从而得出有价值的成果。例如关于太平天国起义的日期，有种种不同的说法。赖文光说："庚戌秋倡义金田。"庚戌是道光三十年，公历1850年。李秀成说："道光三十年十月，金田、花州、陆川、博白、白沙，不约同日起义。"而洪仁玕则说："此时天王在花州胡以晃家驻跸，乃大会各队，齐到花州，迎接圣驾，合到金田，恭祝万寿起义。"所谓"恭祝万寿"，是祝贺洪秀全的生日，他的生日是十二月初十日，道光三十年十二月初十日，已是公历1851年1月11日。赖文光、李秀成、洪仁玕都是太平天国革命的元勋，所言起义日期，一说道光三十年秋，一说十月，一说十二月，此外还有许多说法，相互矛盾，言人人殊，莫衷一是。从这些矛盾中，太平天国史专家罗尔纲先生细加考证，认为应从洪仁玕"恭祝万寿起义"之说。于是1851年1月11日为太平天国起义日期，遂成定论。原来赖文光、李秀成所说亦非错误，而是太平军"团营"的日期。"团营"是起义队伍的集合，"团营"并非即是起义，各地"团营"的时间亦不是齐一的，从"团营"到起义还有一个发展过程。这样，金田起义的日期得以认定，而赖文光、李秀成的不同说法，亦得到了合理的解释，矛盾得到了较圆满的解决。

锻炼思考能力，要学会辩证思考，从事物的发展和相互联系中看问题，不要孤立地、静止地看问题。例如你看到光绪元年（1875）某地粮价每石若干，仅此一条资料，不与其他资料联系，不会产生什么思想。但如果这类资料积累多了，从光绪元年到三十四年（1908），每年某地粮价的记录收集齐全，那么你就了解了粮价起落变化的发展过程，可以画出粮食价格变动的曲线，这本身就是晚清经济史方面的重要信息。然后进一步探索为什么这一年的粮价上涨了？哪一年的粮价下跌了？是自然方面的原因（气候、雨水、灾荒），还是社会方面的原因（战争、社会动荡、囤积居奇）。这样就可能写出一篇晚清粮价变动的有价值的论文。

经常阅读富有思想内容的著作，是帮助提高思考能力的重要途径。像马克思的《资本论》《路易·波拿巴的雾月十八日》、恩格斯的《反杜林论》等名著，就是能提高思想水平的书。只要你认真读它们，就会被一种思想力量所吸引，领会到书中所蕴含的高度智慧和深刻的洞察力。我们学习经典著作，最重要的不是其中的个别结论,而是其思想能力。

思想能力的锻炼是循序渐进的,不能一蹴而就,不能急于求成。从事科研的新手往往面对一大堆收集起来的资料,不知怎样进行分析、综合、反复思考,因而进度不大。甚至像明朝的王阳明那样,要"格物致知",坐在那里"格"竹子,并无所得,却"格"出一场病来。王阳明是大思想家,尚有这样的经历,可见在科研道路上总会碰到困难或挫折的,重要的是鼓起勇气,树立信心,不要灰心丧气。

思考不得要领,研究深入不下去,大体上有三种情况:一是收集的资料还不丰富,事实过程和各方面的联系还不很清楚,客观的矛盾并未充分显露出来。我们的观点是从事实中来的,事实材料不充分,信息量不足,就难以形成自己的观点,这样就要回过头来再去收集资料。二是没有很好地开动脑筋。古人云:心之官则思。头脑的功能就是进行思考,反映客观事物,做归纳、演绎、分析、综合,由感性认识进到理性认识,得出自己的看法,这就是独立思考,不能剿袭陈言,不能人云亦云。三是资料也充足了,思考也进行了,但分析与综合的能力差,这是可以通过学习、锻炼提高的。学习辩证思维的方法,学习马克思主义经典著作,学习人类优秀的文化遗产,持之以恒,必有成效。

三、文采

研究的成果要表达出来,写成文章,这样就要讲究表达方式,力求写得通顺流畅、文采斐然。

写文章表达科研的成果，首先要写得明白易懂，要让大家容易理解你的研究成果，力求把深奥的道理浅显而又准确地讲出来。文章如果艰深晦涩，那么，你的研究成果就难以被人理解和接受。有一位研究先秦史和甲骨文的先生，他写了一篇论文，向郭沫若请教，郭沫若说：我读了几遍，这文章的意思，我没有读懂。如果连郭沫若这样的专家都读不懂这篇有关古代史和甲骨文的文章，那恐怕世界上不会有人能够读懂它。文章本来是写给别人看的，谁也看不懂的文章，大可不写。这位先生的研究成果，即使极有价值，也不会有人理解它、接受它。

写文章和平时的说话、聊天不完全一样。尤其是写学术论文，不是率尔操觚，随意为之，而要非常用心，力求合乎文法、合乎逻辑、文从字顺、概念准确、条理清楚、观点鲜明，要勤写多写，孜孜以赴，切不可粗心大意。

写文章是很艰苦的，一篇精彩的文章，读起来优美流畅，如行云流水，但写作时却冥心苦想，惨淡经营，并不是轻轻松松地挥洒立就的。当然，才思敏捷的人也是有的，但要写出好的文章，仅靠先天的聪慧是不行的，必须有后天的勤学苦练。有的人文章写得快，所谓"文不加点""一气呵成""倚马千言"，是形容文章写得快；有的人早已构想好了，已有腹稿，成竹在胸，故落笔很快；也有的人下笔甚快，写成草稿之后，还要反复修改，后期加工做得非常细致。

我主张初学写作的人，对自己文章的质量要严格要求，养成良好的写作习惯，反复修改自己的文章，字斟句酌，精心推敲。"推敲"这两个字，包含一个典故，唐代贾岛是著名的"苦吟"诗人，他写诗琢磨修改，极费心力，故多佳作。他曾经写一首诗，描写寺庙前夜晚的景色，其中有两句："鸟宿池边树，僧推月下门。"写下这两句后，他想：是用"僧推月下门"好？还是用"僧敲月下门"好？反复考虑，于是"推"啊，"敲"啊，琢磨得出了神，别的事都不注意了，走在路上，竟冲撞了官府的仪仗。这个"推敲"的故事，说明写文章时注意力的集中。在我们一般人来说："推"字也好，"敲"字也好，差别不大，都可以用，不值得多加考虑。而贾岛竟为这一字之差，踟蹰徘徊，走路也出了神。在似乎很细微的差别上，也要下大功夫，这就是大诗人和一般人的不同所在。杜甫有两句诗："繁枝容易纷纷落，嫩叶商量细细开。"拿来形容写文章是非常贴切的。"繁枝容易纷纷落"，是指啰唆冗繁的空话赘语要大刀阔斧、毫不顾惜地砍掉；"嫩叶商量细细开"，是指对新颖的思想、微小的细节要花大功夫，仔细琢磨，精心考虑。这样才能够写出好文章。

写文章力求精练，提倡写短文章。中国有写短文的传统。远古时代还没有纸张，文字刻在甲骨上，或铸在青铜器上，或写在竹简上，不允许写许多废话、空话，要求开门见山，直书其事，文章简练扼要。老子的一部《道德经》，内容丰富深奥，只有五千字；孔子的《论语》，都是很短的语录，每篇只有几个字或几十个字。从前向皇帝上万言书，议论很多重要事情，那是了不起的长文章、大文章，也不过一万个字。像今天动辄数万言，有时离题千里、不着边际，令人难以卒读。

应该用简短的篇幅来表达丰富的内容，切忌用庞大的篇幅表达贫乏的内容。因此写文章就要字斟句酌，惜墨如金，写的内容充实而文字精练,把那种无用的空话、套话、废话统统删掉。历史学家范文澜有两句名言:"板凳要坐十年冷,文章不写一句空。"上联是说,做学问要甘于清苦,甘于寂寞,甘于长期坐冷板凳;下联是说,写文章要有内容,不要空话连篇。这两句话可以作为我们治学的座右铭。

四、道德

做人有做人的道德,其中即包括了做学问的道德。做学问要遵循学术行为的规范,人品和学问是联系在一起的,是衡量和评价学者的两把尺子,伟大的学者,其道德、文章均为世人所景仰。

治学应有严肃认真的态度,应把学术当作神圣的事业、崇高的责任,全身心地投入,孜孜矻矻、锲而不舍,不热衷名利,不畏惧困难,不追求功利,一心一意探索历史真理。从收集材料、思考问题、讨论交流到撰写文章都要认真对待、一丝不苟,不是马马虎虎、敷衍塞责,不是追逐时髦、趋时媚俗。引用一条史料,拈出一个证据,都要查清来历,注明出处,不是信手转引、人云亦云,否则别人错了,你也跟着错下去,闹出笑话来。下一个判断,必须谨慎,证据确凿,才能立于不败之地;证据不足,宁可存疑。历史学家重视的是客观事实,排除一切单凭主观的臆测和猜想,不可以为取得轰动效应而故作惊人之笔,不可以做毫无根据的翻案文章。引用他人的研究成果,应标明来历,尊重他人的劳动。至于有意的抄袭、剽窃或掠夺他人的成果,更是科研工作者所不容许的，是学术道德的沦丧。

　　治学应有谦虚宽容的精神，古人说"满招损，谦受益"，学术上小有成绩，就沾沾自喜、洋洋得意，这会妨碍自己的继续进步。真正有学问的人，总是虚怀若谷，胸襟旷达。胸怀像山谷那样空阔广博，才能容纳得下许多东西，骄傲自满就装不进去新的知识。骄傲是无知和愚昧的表现，因为骄傲自满的人实际上并不了解自己，也并不了解客观世界，他对主观与客观都做了错误的估计。中国古话说"夜郎自大"，夜郎是我国西南地区的一个小国，但夜郎王只看到周围的邦国都比自己小，误以为自己最大，最了不起。他不知道，在不远的距离之外，就存在一个比夜郎大许多倍的汉朝。因此，夜郎王是无知的、愚昧的。中国还有一句古话"井蛙窥天"，坐在井底的青蛙所看到的天空只有井圈那样大，实际上天是宽广无垠的。因此，井蛙也是无知的、愚昧的。虚心使人进步，骄傲引向失败。三国时的马谡熟读兵书，颇有名气，自以为将才出众。他太骄傲自满，不服从诸葛亮的指示，听不进王平的忠告，把军队驻扎在远离水源的山冈上，被司马懿包围，打了败仗，丢失街亭，闹得身败名裂。做学问的人可以从这个故事中吸取教训，培养起谦虚谨慎、从善如流的品德。

　　学问是无止境的。我们取得的每一项科研成果都只是绝对真理长河中的一滴水珠，对自己的学问和成果，一定要清醒地、实事求是地评价。在今天，知识量急剧膨胀，科学的进步一日千里，已有的许多知识迅速地被超越。对于学术上的不同意见，一定要充分尊重，认真听取，坚持"百家争鸣"的方针，才能使学术健康发展，不断进步。不要因为有人对自己的学术观点提出不同见解而一触即跳，大发雷霆，即使有些意见听起来不甚有理，论证尚不充分，也应抱宽容的态度，允许它存在和发展。对旧权威的挑战和突破是科学发展的规律，一种新的理论和学说，当它初出现时，可能并不完善，随着时间的推移，会发展得更加成熟，最后闪耀出真理的光辉。骄傲、偏见、狭隘、保守是科学发展的大敌。

治学要有坚持真理的勇气。研究学问是探索未知领域，追求客观真理。而真理并不是一下子都能被大家所认同、所接受，有时真理在少数人手里。明白地宣告未被大众所认同的真理会遭到许多人的误解，被斥责、唾骂，甚至遭到迫害。科学家要敢于坚持真理，甚至为真理而献身。世界科学史上布鲁诺为宣传和捍卫哥白尼的天文学说，被教会处以死刑，这是众所共知的著名事件。

撰写历史，涉及当时的政治事件和政治人物，常常会触犯某些人或某个集团的利益，更会引起强烈的反对，甚至会招来杀身之祸。敢不敢面对事实，秉笔直书，这是对历史学家的严峻考验。文天祥的《正气歌》中有"在齐太史简，在晋董狐笔"两句，这里说了古代两位历史学家刚正不屈、敢于揭露历史真实的故事。春秋时，齐国的大夫崔杼很有权势，杀掉了国君齐庄公，齐国的太史据事直书，在简册上写了"崔杼弑其君"。崔杼看了大怒，把太史杀了；太史的弟弟仍然这样写，崔杼又把他杀了；又一个弟弟还是这样写，崔杼也把他杀了；太史最后一个弟弟仍然这样写，崔杼感到不好对付，没有杀他，把他释放了。当这位太史的弟弟离开崔杼家时，在大门口看见南史氏拿着简册在那里等候，南史氏说，他听说太史一家因如实记录历史真相而全被杀害，他怕这件事没有人记载下来，特意赶来记录这段历史。既然没事了，历史真相已经被记下来，他也就回家去了。这个故事说明中国古代历史学家为如实记录历史而前仆后继、不惧杀身之祸的崇高品德，淫威与残杀是不能够阻止历史学家说真话的。还有晋国的太史董狐，当时晋灵公与大夫赵盾的矛盾很尖锐，赵盾逃出了国都，但走得不远，没有离开晋国的国境。他的弟弟赵穿发动政变，杀死晋灵公，赵盾就回来了，还当大夫。董狐在史册上记下"赵盾弑其君"，赵盾不服气，辩解说："晋灵公不是我杀的。"董狐说："子为正卿，亡不越境，反不讨贼，非子而谁？"意思是说：你负责国政，逃亡没有离开国境，回来后又不对赵穿治罪，你是政变的后台，杀君的策划者。古代的历史学家非常尊重历史事实，非常注意褒贬是非。孔子说："董狐，古之良史也，书法不隐。"尊重事实，秉笔直书，正是我国历史学家的优良传统。历史学家应该抛开利害得失，排除一切干扰，坚持真理，坚持揭示历史的本来面貌。

以上谈了资料、思想、文采、道德，这是对历史学家四个方面的要求，从这些方面进行锻炼，加强修养，就能够成为优秀的历史学家。

历史学家的过去与现在[1]

历史科学是基础性学科和综合性学科。历史学研究人类社会发展中的各种生活现象的总和，这些现象是历史的、能动的、合乎规律的过程。它们是人们有意识、有激情，并追求自己目的的活动，然而，人们的历史活动又被已经形成的环境和条件所制约，只有顺应历史趋势，人们的活动才能取得接近于预期的结果。在历史过程中，客观的和主观的、物质的和精神的、必然的和偶然的、规律的和随机的，有机地交织在一起，构成非常错综复杂的历史图景。历史科学所涉及的内容非常广泛，因为客观世界无限丰富并不断发展。人类活动的各个领域都可以追溯自己的起源和由来，各有其专门的历史，如政治史、经济史、军事史、文化史、社会史、科技史；每个时代各个地区、国家、民族又各有自己具体的历史规律和特殊内容，因而有各种断代史、地区史、国别史、民族史。历史科学包含各种专门史和通史，涵盖面宽广，内容丰富多样，无所不包。正是在这个意义上，马克思和恩格斯在《德意志意识形态》的手稿中写道："我们仅仅知道一门唯一的科学，即历史科学。"

---

[1] 原载于《历史研究》，1989年第5期。

在中国，历史学又是时间悠久、积累丰厚的传统学科。我国有几千年未曾中断的、完整的文字历史记载，有浩瀚的、体裁多样的历史典籍，有包括各民族文字的文献碑版、丰富的档案史料、珍贵的文物遗存，有像左丘明、司马迁、刘知幾、司马光、郑樵、章学诚、梁启超、王国维那样杰出的历史学家，直至近代开创了马克思主义历史研究的李大钊、郭沫若、范文澜等人。过去几千年的史学成就是我国文化遗产中弥足珍贵的部分，它记录了中华民族生活、战斗和前进的历程，总结了先辈们生产斗争和阶级斗争的经验，反映了祖国伟大光辉的文明成果。

历史科学对一个国家、一个民族的重要性是显而易见的，它给人们以智慧、力量和信心。为了认识社会、认识前途、认识人类自我，必须借助过去，观察它在一个较长时段中存在和发展的形式，进行历史的反思。过去和现在是相互关联的，把过去当作不值一瞥的瘠野荒漠，而过分局限于眼前事件，往往会被一连串眼花缭乱的短暂变化弄得头晕目眩，而无法把握住社会运动的本质和未来。历史科学的作用，可以使我们在一个巨大的远景中，在过去至现在的长期发展中，观察自己和自己的社会，这样才能透彻地了解现在、预见未来。因此，历史科学研究的对象虽然是过去，它只为过去提供较为客观、较为正确的图像，但它的意义并非只局限于过去。现在和未来，都是过去的继续延伸，历史的因铸成现实的果。现实的一切，或成就，或挫折，或胜利，或困难，无不萌生于过去，无不和过去结有不解之缘。对过去的事情进行研究和解释，正是为了更好地理解现在和未来。人们之所以重视历史科学，是因为他们带着现实中的迷惘和困惑，不得不求助历史，寻求比较正确的答案。一个国家、一个民族，如果忘记了过去，就不可能正确地面对现在和未来。

人生活在现实中，每个人在观察和研究过去的时候，总不免带着现在的思想感情和认识方法，人们经常会用现在生活中的要求和兴趣去研究过去的历史。过去历史中与现在密切相关的史实和史料，总会首先凸显在历史学家眼前，引起历史学家的优先关注，这一点并不妨碍历史发展过程的客观性。各个时代的历史学家在选择研究课题和进行分析思考的时候，大多会选择那些与现实较有关系的问题，并站在当代达到的科学水平上开展研究。历史学家越是关心现在、理解现在，就越能深入地反思历史。现在的生活为他提供了一个比较成熟的发展形态，以便理解历史上尚未成熟的发展形态。如果人们对现在的事件漠不关心、失去兴趣，又怎能深入理解曾经发生过的历史事件？现实生活中的感受有助于历史学家体验各样的历史生活，正像人们常说的那样，对人体的解剖有助于理解类人猿的骨骼体态。

当前，中国历史正在发生前所未有的伟大变革，在党的领导下，我国正在社会主义现代化的道路上奔驰，为建设高度的社会主义物质文明和精神文明而努力奋斗。历史学家有责任，在过去与现在、历史与现实之间架起沟通的桥梁。在建设今天新生活的时候，反思过去，回顾国家和民族已经走过的艰难而光荣的历程，这对人们是大有裨益的。改革和开放，需要人们更加了解我国的国情和传统，更多知道世界的历史和现状，也需要更加抓紧爱国主义、社会主义与坚持四项基本原则的思想教育。历史科学在现实中是大有作为的。它能够提高全民族的文化素质，培育爱国主义、社会主义精神，陶冶人们的性格、情操，帮助人们认识国情，了解自己的过去，廓清迷雾，以把握现在、面向未来。历史科学之树是常青的，它将为我们开辟新生活做出重大贡献。

从历史展望未来[1]

为什么要研究 18 世纪的中国与世界？18 世纪对中国和世界都是十分重要的时代，甚至可以说是人类历史上的分水岭。人类社会从农业文明开始走向工业文明，从此世界发生了翻天覆地的变化。

一、18世纪是人类历史上的分水岭

以英国的产业革命、美国的独立战争、法国的大革命为标志，世界历史进入新纪元。二三百年以来，世界经济和社会发展加速前进，资本主义确立了统治地位，全世界都在急流奔腾之中。历史发展缓慢的节奏和停滞的外观突然发生了变化，注入了新的活力。从 1750 年以来两个半世纪，全世界工业产值增长 430 倍，生产力像泉水一样突然地喷涌而出。当时，中国虽还没有开始近代化，但 18 世纪正处在清朝的康乾盛世，社会安定，经济繁荣，文化昌盛，多民族国家的统一得到加强，基本奠定了现代中国的版图。无论在中国还是在世界，一系列重大变化正在或即将开始，一系列惊心动魄的事件连续发生。我们不能不问，这些变化、事件对以后的世界将产

---

[1] 原载于《历史教学问题》，1997 年第 1 期。

生什么影响？将把世界各国引向何方？

　　研究18世纪中国和世界就是要把中国和世界连成一个整体，改变中国史和世界史分隔和孤立研究的习惯。中国是世界的一部分，只有把中国放在世界坐标系中来考察，才能给中国正确定位；而世界中又必须包括中国这样一个巨大的有机组成部分，如果脱离开中国，世界史就不是完全的真正的世界史。18世纪，中国和西方从古代相互隔离的状态中走出来，开始迅速地接近，东方文明和西方文明发生碰撞、斗争。这个历史进程，人类为之付出了巨大的代价。当时，西方殖民主义到处掠夺、侵略，先是掠夺南北美洲、非洲、印度、东南亚，最后来到中国。全世界有许多不同的文明区域，在古代被海洋分隔，现在走到了一起，发生了碰撞和冲突。18世纪以后的二三百年，在世界和中国的历史中充满了暴力、反抗和苦难。就中国来说，它是最后一个卷入世界历史潮流中的巨大文明实体。暴风骤雨的冲击推迟了一个多世纪，19世纪发生了鸦片战争。18世纪中外关系中有小的纠纷、摩擦，还没有大的冲突战争。日常纠纷何以没有变成大的冲突？这不是殖民主义者的仁慈，而是因为西方国家忙于欧洲事务，忙于对美洲、东南亚、印度的争夺，无暇顾及中国，并且中国本身是庞然大物，实力较强，殖民主义者还不能对中国动武，他们没有把握取胜。所以，18世纪对中国来说是个认识世界、追赶世界、发展自己的好时机。但由于主客观原因，中国失去了机会。研究18世纪的中国和世界，可以反思过去，把握今后机遇，帮助我们在建设有中国特色的社会主义道路上更快更好地前进。

二、18世纪中西方国家的共同性和相似性

对 18 世纪的中国与世界的一些根本性的历史转变,需要很长的历史过程才能认识它的发展趋向和历史意义。一些短暂的事件和人物往往是浮现在历史表面的泡沫,只有掌握了长时段深层涌动的潜流才能把握历史的本质。

以下把 18 世纪的中国和当时西方各国(西欧和美国)略做比较,在比较中加深对中国和世界的认识。西方是当时最发达的地区,西欧社会已在发生质的变化。尽管西方走在中国前面,但中国是个人多地广的大国,又值康乾盛世,其综合国力相当强大;而西欧的产业革命刚刚开始,工业文明并未立即占有明显的优势。拿生产总值做比较:1750 年(乾隆十五年)中国制造业生产总值比整个欧洲多三分之一,比英国多 6 倍。至 1800 年(嘉庆五年),中国的制造业总值仍超过英法总和的 4 倍,但由于中国的人口超过英法总和的 10 倍,故人均产值已落后于英法。18 世纪,中国的商品经济发展迅速。1685 年(康熙二十四年),常关税钞收入达银 120 万两,至 1795 年(乾隆六十年)达 846 万两,110 年增长 7 倍,反映了商品流通量的急剧增加,市场的迅速扩大。作为资本主义重要标志的雇佣劳动,在中国古代已经产生,到了 18 世纪有很大发展。中国的城市集镇,其规模和发展趋势令人瞩目。清朝是高度发展的封建专制主义政权,这与欧洲近代以前的中央专制政权有表面的类似,如英国的都铎王朝、法国的波旁王朝、德国的霍亨索仑王朝、俄国的罗曼诺夫王朝等。18 世纪,清朝大力经营和巩固边疆,统一台湾,平定准噶尔回

部,管理西藏,开发东北、内蒙古、新疆,在一定程度上消除了境内游牧社会和农耕社会的长期对立,缩小了中原和边疆地区的差距,巩固了国家的统一。在近代以前,美国与俄国也发生过边疆运动,对其国家的形成和近代化产生了重要影响。当然,中国的边疆运动和美国、俄国迥异,美国开拓西部、俄国东进西伯利亚,是取得新领土的边疆扩张,而清朝收复台湾,进入新疆、西藏,是恢复原有版图的边疆统一。

三、18世纪中西方国家的差别

以上是18世纪中国与西方比较所能看到的相近的、类似的东西,是中国和西方社会所具有的共同性、相似性。同时也要看到中西方社会的不同和差距,亦即看到中国社会的特殊性,这是非常重要的。正是这些不同和差距,决定了中西方两种文明的不同性质,反映了中国和西方国家所处的不同社会阶段。

中国和西方国家的差别至少有以下若干点。中国是一个幅员辽阔、人口众多的多民族统一国家,各个地区的发展很不平衡,比较先进的小块地区(如长江与珠江三角洲)被周围广阔的后进地区所包围、制约,难以单独发展,难以打破传统的经济格局、社会结构。而西欧,许多独立的中小国家同时并存,他们之间的经济、文化发展比较均衡,先进国家受周围后进地区的干扰比较小。因此,英国、法国得以首先突破封建制度,树立起产业革命和政治革命的旗帜。此后一二百年,西欧各国由于自身的发展以及相互的影响,陆续跨进了工业社会。近代前夕的西欧专制王朝是一个多元的权力结构。专制王朝掌握政权，却需要仰赖城市工商业的财政支持，而教化权力又被教会掌握，政治体制又发展出政府与议会之间的制衡关系。而18世纪的清朝政权却是君主大权独揽，绝不把权力分割给其他集团。中国官府严密地控制工商业，食盐和对外贸易是利润最丰厚的产业部门，只有官府特许的少数几家官商实行垄断经营，其他如丝织业、制瓷、冶铁也不同程度地由政府控制，缺少自由经营的机制和持续增长的活力。

18世纪西方已出现具有相当实力的市民，可以参与制定城市法规，选举城市官吏，进而控制议会，与封建势力相抗衡。中国虽然也有城市，但首先是封建的政治中心和驻军要地，没有独立地位，并未取得自治权，不能成为抗衡官府的力量。我们看到巴黎的工商业者曾和城市工人、平民一起反对法国王室，取得了法国大革命的胜利；而18世纪中国的工商业主却和官府一道，去镇压"叫歇"的工人和罢市的平民。18世纪西欧盛行重商主义，政府鼓励人们航海探险，经商营利；而中国则重农抑商，工商业虽有相当发展，却从没有强大到可以迫使政府重视自己，工商业仍处在卑微的地位。

18世纪对外交往、对外贸易是不可抗拒的历史趋势，但清朝政府实行闭关政策，限制对外交往，如设立行商制度，实行一口贸易，限制人民出海，限制进出口商品的数量种类，闭关政策对中国的发展极为不利。

18世纪末美国和法国先后制定宪法，保护公民的平等权、财产权，加速了社会变革，促进了经济发展，强化了法制精神。而完成于乾隆初年的《大清律例》，维护君主的绝对权威，强化人们的臣民意识和等级观念，压抑其独立意志和创造精神。

18世纪欧洲出现了众多的自然科学大师：牛顿、莱布尼兹、拉瓦锡、富兰克林、林耐，他们通过观测、实验、计算、分析，对自然界客观现象和运动规律取得了正确而系统的认识，这是人类利用和改造自然界决定性的一步。1765年，瓦特改良蒸汽机，这是一次有深远影响的重大突破，使人类摆脱了对自然能源的依赖。机械的发明创造越来越多，有了这些发明创造以后，人类才能创造出近代大机器工厂，完成从农业社会向工业社会的飞跃。而中国知识界对自然科学倒退至蒙昧状态，不以自然界作为研究对象，即使研究自然界，不过是用来联系和解释人事关系，所谓天人关系，如地震、日食、星象，都和皇帝的仁政有关。耶稣会传教士传进来的自然科学，在知识界只引起微小的影响，这造成了后来东西方社会发展越来越大的差距。

在人文和社会科学领域，18世纪欧洲产生了洛克、伏尔泰、孟德斯鸠、狄德罗、卢梭、斯密、康德等思想家，他们呼吁自由、平等和理性精神，呼唤和支持社会变革。中国的思想界仍局限在儒学的框架中故步自封，虽有若干反传统的思想因素，但力量微薄，影响不大。

美国独立运动和法国大革命，为在美洲、欧洲确立资本主义制度扫清了道路。而中国在18世纪的白莲教大起义，仍为地主和农民这一固有矛盾的重新爆发，它是旧时代走向黄昏的哀歌，并非新时代迎来晨曦的号角。

中国创造了光辉灿烂的华夏文明，在物质生产和文化创造方面走在世界的前列。即使到18世纪仍有相当的潜力，保持着繁荣和强大。但这种繁荣和强大与西欧国家已不相同，表面的相似掩盖着实质的差异。当时，西欧国家已进入资本主义社会，而中国仍处在封建社会后期，显示出封建的宗法性农业社会的特征。西欧国家从封建主义走向资本主义，从农业文明过渡到工业文明，是由长期历史进程所准备好的，是多种近代因素汇聚和发展的结果。中国虽亦有近代因素出现，但传统的政治、经济、文化结构严重地阻碍了近代因素的成长，走向近代化的通道尚未打开，条件尚未成熟，18世纪的中国并未显示出像西欧一样的迅速引发社会质变的迹象。18世纪中国和西方存在多方面的差距，这决定了两种文明的不同性质，一个是资本主义的青春，一个是封建主义的垂暮，也决定了两个社会的不同前途。18世纪以后，西欧出现了持续、高速的经济和社会发展，而中国则由于外国侵略与内部动荡而一蹶不振，陷于贫困、落后和长期危机之中。

四、20世纪中国历史的反思

对中国来说，20世纪是充满苦难的世纪，是奋斗拼搏的世纪，也是获得新生、走向辉煌的世纪。

20世纪之初，中国还处在封建清王朝的统治下，风雨如磐，百年巨变。世纪之末，中国已在建设有中国特色的社会主义道路上阔步前进。历史场景变换得如此迅捷，如此频繁，几多屈辱，几多血泪，几多成就，几多欢欣。各种事件、人物、制度、政策，变化不定，一瞥即逝，匆匆地移到我们的身后，中国仿佛一艘巨舰在波涛汹涌、激浪排空的海洋中行驶，颠簸飘荡，屡逢险难，却仍执着地、始终如一地奔向一个伟大的目标——建设独立、繁荣、富强、文明的社会主义现代化国家。

1900年，轰轰烈烈的义和团运动揭开了20世纪中国历史的序幕。当年，八国联军的铁蹄踩踏在神州大地上，帝国主义列强在中国划分势力范围，争夺路权矿权，控制中国的经济、政治，占取种种特权和利益。中国的芸芸众生在水深火热中呻吟、悲泣、抗争，却难以挽救国家的危机，改变自身的噩运。但历史在前进，深层的潜流在涌动、在激荡。中国的新经济从几千年自给自足的不变模式中破土而出，工厂、矿山、铁路、轮船以及学堂、报刊、政党大批出现，商品经济在发展，新的社会力量——工人、企业家、新型知识分子——在崛起，人们的生产、生活、交往发生了意义深远的变化，中国已具有一系列近代社会形态的特征。经济和社会底层结构缓慢而持续的变动，必将有力地推动上层政治建筑和观念形态的变革，旧的政治体制、法律条例、伦理道德、文化思想越来越不能适应新形势、新生活，巨大的革命风暴正在酝酿之中。以孙中山为首的革命派组成了中国革命同盟会，进行宣传，组织起义，发动了在完备意义上的资产阶级民主革命，即1911年辛亥革命，轰然巨响，清王朝崩塌了，统治中国两千多年之久的封建专制主义皇冠滚落尘埃。这是20世纪中国历史的第一个伟大转折。从此，中国走出了封建王朝循环更替的历史怪圈，共和的政治体制得以确立，社会生活、思想观念、信仰习惯随之开始变化，长期停滞的中国历史得到了强有力的推动而加速前进。

但是辛亥革命并没有解决社会的基本矛盾。国家贫穷如故，落后如故，中国却因失去了传统的政治中心而陷入无序和纷乱，地主、军阀、买办与洋人勾结，纷纭扰攘，你争我夺，乌烟瘴气。五四运动是继辛亥革命以后的一次伟大的思想文化革命，它推动了启蒙和爱国的大潮。先进的知识分子经受了新文化思想的洗礼，从封建教条的禁锢中解放出来，急迫地寻找救国救民的方案，在从西方传来的形形色色的思想中选择了马克思列宁主义。在马克思主义传播和工人运动兴起的基础上，中国共产党诞生了。历史证明：这是符合中国国情、符合人民心愿的正确选择。在中国共产党的领导下，中国革命跨入了新的里程，有了全新的革命理论和路线政策，有了坚实的群众基础和严密的组织。从此工农运动风起云涌，反帝反封建斗争如火如荼地展开。这是一场漫长、艰难、激烈的战斗。旧势力不甘心退出历史舞台，新势力也不会轻易地取得胜利。这场战斗付出了沉重的代价，耗费了千千万万革命者的精力和生命。五四运动、工农风潮、国共合作、北伐战争、土地革命、红军长征、抗日战争、解放战争，这一幕又一幕雄壮的历史剧，蕴含着多么丰富的内容和可歌可泣、震撼人心的事迹。

由于敌我力量对比的悬殊和中国共产党幼年时期的不成熟，其间发生了1927年和1934年两次重大的失败，右倾和"左"倾的错误连续发生。大批共产党员和革命进步人士被屠杀，经过辛苦缔造的大片根据地丢失殆尽。但是，新生力量是不可战胜的，中国共产党在遭受重大失败之后，能够从血泊中站立起来，重举战旗，集合力量，吸取教训，继续战斗。经过长期的锻炼和考验，马克思主义越来越和中国革命的具体实践紧密结合，形成了毛泽东思想。正确的思想一旦被群众所掌握，就焕发出巨大无比的威力。在毛泽东思想的指导下，中国革命跨越险阻，克服困难，大踏步前进。

抗日战争是 20 世纪中国历史上值得大书特书的事件。它是世界反法西斯战争的一个组成部分，也是中国近代反对外国侵略第一次获得彻底胜利的战争。为了抵抗武装到了牙齿的日本军国主义，国共进行了第二次合作。全国各族人民紧密团结，英勇奋战，不惜牺牲，打败了日本侵略者，解除了长期以来对中华民族生存和发展的最大威胁，在战争中得到锻炼的革命力量大大增强。因此，抗日战争胜利以后，当国民党挟优势的兵力、财力，悍然发动全面内战，仅仅经过三年时间，800 万国民党军队土崩瓦解，一败涂地。1949 年，中国民主革命取得了胜利，创建了中华人民共和国，结束了帝国主义、封建主义和官僚资本主义对广大劳动人民的奴役和剥削，中国人民站起来了。这是 20 世纪中国历史的第二个伟大转折。

新中国成立以后，在中国共产党领导下的人民很快地治疗了战争的创伤，恢复国民经济，实行土地改革，进行抗美援朝战争，开展肃反运动，为国家的稳定、统一和经济建设准备了条件。随后的十多年间，各条战线取得了一系列重大成就。一批大型重要的工厂、矿山、铁路得以建成，初步建立了独立的、比较完整的工业体系。农业生产长足发展，粮食、棉花、油料有较大增长，能够依靠自己的力量基本保证人民的衣食需要，城乡贸易活跃，人民生活得到改善，教育、科学、文化、卫生事业都有了相应的发展。在党的过渡时期总路线的指引下，实现了国家的社会主义工业化，实现了国家对农业、手工业和资本主义工商业的社会主义改造。1954年召开了第一届全国人民代表大会第一次会议，制定了《中华人民共和国宪法》，国家机构得以建立并逐步完善。中国的国际地位也日益提高。

新中国成立初期，我国在社会主义道路上迈开了雄健的步伐，所取得的一系列重大成就为以后的继续进步提供了条件和基础。但是，建设社会主义这一史无前例的宏伟事业对我们来说是很不熟悉的。国家领导和群众并不曾意识到，在中国这样一个人口众多、幅员广阔、底子单薄、传统深厚的国度里，建设社会主义将是十分艰难、复杂的任务。作为我国最高领袖的毛泽东同志对民主革命、社会主义建设都做出过伟大的贡献，但由于他晚年对形势和任务的判断失误，理论上和工作中一再出现"左"倾错误而得不到改正。"文化大革命"的十年，林彪集团和"四人帮"利用这个错误制造混乱，篡党夺权，给全国人民带来了极其严重的灾难。

1978年中国共产党的十一届三中全会是20世纪中国历史上的第三个伟大转折。邓小平同志提出解放思想、实事求是的方针，拨乱反正，批判了祸国殃民的"四人帮"，纠正了"十年动乱"中"左"的理论和错误路线，重新确定了社会主义的正确方向，开创了社会主义现代化建设和改革开放的新局面。在邓小平同志建设有中国特色的社会主义理论的指导下，中国的建设以惊人的速度发展。在农村，广泛地实行了家庭联产承包责任制，调动了广大农民的生产积极性，并调整了农产品价格和农业税收，调整了农村产业结构，增大农业投入，促进乡镇企业的发展，使农业生产和农村面貌发生了重大深远的变化。在城市，搞活国有大中型企业，推行经济责任制，扩大企业自主权，转换企业经营机制，逐步建立现代企业制度；建立多种经济成分、多种经营方式、多条渠道并存的流通经营网络和管理体制；进行价格改革，开拓各类市场，加快建立和完善社会主义市场体制。设立经济特区，开放沿海、沿边城市，大力引进外国的技术、设备、资金、人才、管理知识。在政治体制方面，进一步扩大社会主义民主，健全社会主义法制，转变政府职能，提高行政效率，打击贪污腐化；又强调社会主义物质文明建设和精神文明建设一起抓，加强思想理论工作，发展文化教育事业，倡导爱国主义教育，坚持社会主义方向。十五年来，我国的面貌日新月异，国家的综合实力大大增强，经济繁荣，秩序稳定，人民生活有了明显的改善。社会主义建设的实践，最雄辩地证明了邓小平同志建设有中国特色社会主义理论的英明正确。遵循这一理论，我们必将大踏步前进，在不太远的将来完全摆脱贫穷、落后的地位，以独立、民主、繁荣、富强、文明的新风貌、新形象，屹立于21世纪的世界。

历史长河前后相续。20世纪的历史将要完成，我们几乎已能看清它的全部巍峨的轮廓。它是我们和我们的祖辈、父辈用全部心血创造的历史，寄托着几代人的悲欢、努力和希望，又为我们的子孙提供了建设未来美好生活的起点。20世纪的历史，值得所有的中国人回顾、学习，把它保存在民族的心灵深处。

"前事不忘，后事之师。"一个民族能够通晓自己过去的历史，就能够吸取经验教训，去指导未来。前进的道路还很漫长，尽管我们在20世纪走过了崎岖曲折的道路，尽管曙光在望，我们已能看到未来所投射过来的璀璨光芒，但创建社会主义新生活是一项史无前例、复杂繁重的任务，许多新矛盾、新问题尚待解决，前进的航道上还会有无数礁石险滩。我们必须从20世纪刚刚过去的历史中学习，学得更加聪明、更加理智、更加谨慎，使得今后少走或不走弯路。同时，社会主义事业的成就历经几代人的奋斗，来之不易，我们要使广大干部和青少年了解历史，热爱自强不息的祖国和人民，更加自觉地投身于社会主义现代化建设中去。历史是智慧和力量的源泉，让我们用它来武装自己，乘风破浪，奋勇前进。

五、展望21世纪

著名的美国学者萨缪尔·亨廷顿认为，21世纪将会发生严重的文化冲突，基督教文化正在衰落，东亚文化（中国本土文化和海外华人文化）以及伊斯兰文化将要崛起。后者将排斥和取代基督教文化，甚至发生文化战争。他描绘了一幅世界文化发展悲剧性的前景，这是不正确的。他没有认识到21世纪将是一个多元文化共存的世界，也没有认识到东亚文化的和平性质，具有极大的包容性。古往今来的战争，从来都是经济和政治利益的冲突，异质文化之间虽然也会发生摩擦和撞击，但并不是战争的根源，即使中世纪的宗教战争，其背后也掩盖着实在的世俗利益。事实上，东西方文化各具特色，各有自己的贡献。我们在弘扬中华文化的同时，不会忘记西方文化的优点及其伟大贡献。在21世纪中，中国文化、西方文化以及世界上其他文化将在一个多元的文化世界中共存和互补，使得世界更加绚丽多彩，而不是哪一种文化独霸和统治的局面。东方文化将随着形势的变化和中国的强大而更加繁荣。

回顾过去一二百年，成为发达国家的英、美、法、德等第一批国家都是基督教文化国家，走的是西方式的现代化道路（日本走的也是西方道路）。21世纪，世界上将会出现第二批发达国家和地区，其中有中国、韩国和东南亚。这些国家和地区属于东亚文化，受中国文化不同程度的影响，将会走出一条与西方不同的现代化道路。在中国就是邓小平同志指明的建设有中国特色的社会主义道路，其他国家和地区也会显示出各自的特点。

边疆开发活动中的人和环境[①]

  清代边疆开发史是具有重大学术价值和现实意义的研究课题。清代 268 年间，倾注很大力量于边疆的经营与开发，中国的版图得以奠定，民族的团结大大增强，国家的统一更加巩固，边陲地区的经济文化取得了长足的进展。在农业生产、耕地垦辟、水利灌溉、道路交通、商业贸易以至晚清时期的荒地放垦、修筑铁路、设置厂矿、建立行省等方面做出了很多成绩。清代对边疆开发的规模和深度，远远超过汉唐盛世。

  所谓"开发"，即是人对环境的利用、改造。边疆有特定的自然环境和政治环境。自然环境指地形、气候、雨量、土质、动植物、矿藏等，人利用这些资源谋求生存和发展，自然资源的或丰或啬，极大地影响人们的生产、生活和开发的速度。政治环境指当地的政局和秩序，战争还是和平？统一还是割据？和中原地区的联系是密切还是松散？有了稳定的政治环境才谈得到开发。中国是个大国，地区发展很不平衡，辽阔广大的边疆与海疆，包括东北、蒙古、新疆、西藏、滇桂以及台湾、海南，或为内陆，或为海岛，或属战乱，或属安定，情况千差万别。不同的自然环

[①] 原载于《清史研究通讯》，1988 年第 3 期。

境和政治环境,决定了人们不同的活动方式,既有其共同性,也有其特殊性,认识和揭示人和环境的相互作用的规律是边疆开发史研究的重要任务。

人是开发活动中的主要因素。人改造、开发环境,使其成为可享用的富源。边疆地区,地广人稀,为在较短时间内取得经济效益,必须有足够数量并具有一定生产技能的劳动力,必须保证人口达到充足的数量和具有相当的素质。因此,边疆开发的前提是人口的流动和迁徙。清代统一国家的巩固,形成了适宜的移民条件。清中叶后,中原地区人口迅速增长,出现人口相对过剩、人均耕地锐减,生计维艰,形成人口"压力";而边疆地区稳定的社会秩序和优裕的谋生条件,形成人口"引力"。在"压力"和"引力"的作用下,大批贫苦人民纷纷奔赴边疆海岛。"人往高处走,水向低处流",这句谚语形象地表述了移民的法则,人口的流向和流量总是取决于地区之间压力和引力的差度。两三百年前,人口密集的中原地区发生了"爆炸",大批无产业的流民被强大的冲击波甩向四面八方,从中心四散辐射到边疆和海外(华侨),随着这个人口"爆炸"和"扩散"而来的即是边疆和海岛的开发和繁荣。18世纪以来的这一人口"爆炸"过程应予以充分研究,它的规模、时间、后果,当时移民的方式、路线、组织以及政府的政策、措施,边疆研究中的这些重要问题目前尚模糊不清以至于完全空白。

当移民来到新的环境中,和当地民族一起向大自然进军。当他们通过劳动向环境索取富源时,即是在改变环境,对原有的生态造成不同程度的破坏。大自然有自我修复的机制,轻度的破坏，经过一段时间，就会自动地恢复生态平衡。故边疆的某些荒僻地区，虽有人类活动，但人口很少，以采集渔猎为生，亿万年来生态环境并没有什么变化。但大规模的游牧和农垦活动，特别是应用机器等近代化手段后，生产力发展，人类改造环境的能力越大，对生态平衡的破坏越严重，其破坏程度超出了环境自我修复的能力，人们就必须投入力量，给以补偿，使环境达到新的生态平衡。边疆开发活动必须遵循这一索取和补偿的法则，否则将造成严重的后果。

我国边疆许多地方经过长期开发，榛莽剪除，洪荒已辟，富源大开，表面看来，环境变得越来越驯服，越来越适于人们居住。但是环境在被改造的同时，生态条件即在发生变化，由于违背了索取与补偿的法则，发生了森林破坏、牧场退化、水土流失、沙漠扩大的现象。环境在许多方面又日益变得"严酷"，变得难以栖息和活动。边疆开发的历史说明，人通过劳动对环境索取可供消费的财富，但环境的给予是有限度的，并且也不能是单方面的，贪婪无度的索取必将遭到大自然的报复。对自然的索取，应继之以对自然的补偿，才能使富源取之不尽，用之不竭。所以边疆地区的开发和整治必须同时进行，两者是相互联系、不可脱离的。

环境和人是边疆开发活动中的两个重要因素，它们之间的相互关系、相互作用的种种规律有待于加深认识和详细阐明。我想：这样的研究不仅具有学术价值，而且对当前边疆的现代化建设也具有借鉴意义。

第五辑 以史为鉴

闭关政策的历史教训[1]

为了加速实现四个现代化的宏伟目标,要善于向世界各国学习,吸收一切先进的东西,为我所用。林彪、"四人帮"推行闭关自守、锁国愚民的政策,给学习外国先进经验的正确主张扣上"卖国主义""洋奴哲学"的帽子,严重地阻碍了我国社会主义建设的进程。

闭关政策不是林彪、"四人帮"的发明。清朝统治者在和外国资本主义接触的早期,就曾禁止和限制中国人民与世界交往,使中国人民耳目闭塞,不能向先进国家学习,已经落后的中国因此更加落后。落后就要挨打,这是无情的历史事实。鸦片战争以后,中国遭受许多殖民主义国家的侵略,人民群众长期生活在苦难之中。历史的教训记忆犹新。回顾当年闭关政策的历史,分析它产生的根源和造成的危害,对于肃清林彪、"四人帮"的流毒,学习各国的长处,是很有意义的。

一

世界范围内政治、经济、文化的频繁交往,是资本主义兴

---
[1] 原载于《人民日报》,1979年3月13日。

起以后的历史现象。当世界资本主义迅速发展的时候，中国还是一个封建社会，处在满族建立的清王朝的统治下。中国是一个地大物博、有悠久历史和灿烂文化的国家，在世界文明发展史上做出过伟大的贡献。但是，进入封建社会后期以后，发展趋于停滞，社会生活的各个方面死气沉沉，封建统治阶级抱残守缺，夜郎自大，故步自封，自命为"天朝上国"，不肯睁眼看看汹涌澎湃的世界历史前进的潮流。对于西方的思想文化、科学技术深闭固拒，竭力限制中外经济文化的交流。在清政府的闭关锁国政策下，即使是当时最先进的中国人，也不可能正确了解世界的形势和日益临近的资本主义侵略的严重性。反动、落后的闭关政策带来了严重的恶果，几个世代的中国人民为此付出了惨重的代价。

从根本上说，闭关政策是落后的封建经济的产物。中国封建的经济结构是小农业和小手工业的强固结合，亿万农民分散地生活在经济上自给自足、政治上被封建宗法制绳索束缚起来的农村中。无数个村庄、集镇和城市互相隔离，没有和周围广阔的世界进行频繁联系的必要与可能。在落后闭塞的经济基础上，产生了因循守旧、虚骄自大、闭关自守的思想。18世纪末，乾隆皇帝在给英王乔治二世的一封书信中说："天朝物产丰盈，无所不有，原不借外夷货物以通有无。"国际贸易和交往中的这种闭关自守、夜郎自大的思想，正是当时自给自足的自然经济的反映。

清政府顽固地坚持闭关政策，还由于它和广大人民群众阶级矛盾的尖锐化。在同样是封建自然经济的条件下，当国家比较强盛、政府和人民的矛盾比较缓和的时候，封建统治者对周围国家也可以采取比较开放、比较友好的态度。如汉唐盛世，中外交往频繁,沿着著名的丝绸之路,中国和西方的经济文化得以交流。在明初,郑和率领的庞大航海队屡次前往东南亚、西亚,远达非洲海岸。有信心的强者不害怕异国的新事物,只有虚弱者才对之忧心忡忡。鲁迅先生说:"汉唐虽然也有边患,但魄力究竟雄大,人民具有不至于为异族奴隶的自信心,或者竟毫未想到,凡取用外来事物的时候,就如将彼俘来一样,自由驱使,绝不介怀。一到衰弊陵夷之际,神经可就衰弱过敏了,每遇外国东西,便觉得仿佛彼来俘我一样,推拒,惶恐,退缩,逃避,抖成一团,又必想一篇道理来掩饰。"[1]18世纪后期,中国封建社会已处于"衰弊陵夷之际",人民群众的抗清起义风起云涌,清政府由盛转衰,显露了它的腐朽性、虚弱性。它不了解世界的发展,不了解外国资本主义的性质和活动方式,当然也不会有对付资本主义侵略的正确策略。只是神经衰弱地以为,这一外来的异己势力如果和人民群众接触,将会加强反政府的力量,引起新的骚动。正像马克思所说:"推动这个新的王朝实行这种政策的更主要的原因,是它害怕外国人会支持很多的中国人在中国被鞑靼人征服以后大约最初半个世纪里所怀抱的不满情绪。由于这种原因,外国人才被禁止同中国人有任何来往。"[2]清朝政府构筑了一道隔绝中外的堤墙,以为任凭堤墙之外时局变幻,风雷激荡,自己还可以关上"天朝"的大门,不闻不问,高枕无忧。历史的发展粉碎了这一幻想。事实上,它只是糊起了一堵薄薄的纸墙,被外国侵略者一戳即破。

---

[1]《鲁迅全集》第一卷《看镜有感》。
[2]《马克思恩格斯选集》,第2卷,第6—7页,人民出版社,1972年。

二

清政府的闭关政策，一方面，限制中国人民出海贸易，或在外国侨居，禁止许多种货物出口；另一方面，对来华的外国人也做了种种苛细而不必要的限制和防范。

清初，由于东南沿海还有郑成功、张煌言领导下的抗清武装活动，清政府为了断绝他们的粮食物资供应，厉行"海禁"，下令"片帆不准入口"，远洋贸易几乎停顿。康熙二十二年（1683），清朝统一了台湾，开放海禁，允许中国商民出洋贸易，又指定广州、漳州、宁波、云台山四地为外商来华通商的口岸。至此，清政府虽然打开了一道狭小的门缝，但仍然设下了许多禁令，而且越到后来，禁令越是烦琐，越是严密。

15世纪初，郑和下西洋是世界航海史上的壮举。明代中叶，由巨大帆船组成的中国商船队还经常出没于远洋洋面。此后，世界各国的航海业突飞猛进，船只载重量越来越大，航海技术日益进步。而清政府反而规定："如有打造双桅五百石以上违式船只出海者，不论官兵民人，俱发边卫充军。"[1]对于出洋的水手、客商，防范极严，"各给腰牌，刻明姓名、年貌、籍贯，庶巡哨官兵易于稽查"[2]。中国的商人和华侨很早就到东南亚各地活动，对当地的开发以及中外经济文化的交流做出了贡献。但清政府却十分歧视他们，多方加以阻挠。雍正皇帝的谕旨中说："此辈多系不安本分之人，若听其去来任意，伊等益无顾忌，轻去其乡，而

---

[1]《光绪大清会典事例》卷七七六，康熙二十三年。
[2]《清朝文献通考》卷三三。

漂流外国者益众矣。嗣后应定限期，若逾限不回，是其人甘心流移外方，无可悯惜，朕亦不许令其复回。如此则贸易欲归之人，不敢稽迟在外矣。"①

中国地大物博，有许多可供出口的产品，但清政府横加限制，军器、火药、硝磺、铜铁、米麦、杂粮、马匹、书籍等都在禁止出口之列。为了杜绝粮食和铁器出口，竟规定每艘商船只准携带铁锅一口作为炊具，每人只准携带铁斧一柄作为用具，预先规定好航行的日期，每人每天只准带口粮一升、余粮一升。海上风信，变幻莫测，航行本难定期。清政府这种极不合理的规定，剥夺了商船对海盗进行武装自卫的手段，而且在漫长的航途中，生活也得不到保障。

丝绸是当时对外出口的最大宗，出口增加导致丝价上涨，这体现了市场的供求规律，可以促使中国丝绸生产更快地发展。可是封建统治者看到丝绸涨价，神经紧张起来，于乾隆二十四年（1759）禁止丝绸出口，结果严重地影响了国内经济和对外贸易。五年以后，官吏奏称："近年粤闽贸易，番船甚觉减少，即内地贩洋商船，亦多有停驾不开者。在外番因不能置买丝斤，运来之货日少，而内地所需洋货，价值亦甚见增昂。"官吏们不得不承认禁止丝绸出口，"中外均无裨益"②。封建统治者在事实面前碰了钉子，才不得不放宽禁令，但仍限制每艘船只载运丝绸出口的数量。

早期西方国家的对华贸易，具有资本主义侵略的性质。来到中国的某些外国人，傲慢粗暴，趾高气扬，甚至犯罪作恶，无法

①《清朝文献通考》，雍正五年，上谕。
②《皇朝政典类纂》卷一一八。

无天。对于那些侵略分子、犯罪分子，进行一定的防范和惩处是完全必要的。但是，清政府对外国人不加区别，笼统对待，规定种种不合理的限制，这不仅妨碍了中外正常的经济文化交流，也无助于防范真正的犯罪分子，有效地抵制侵略者。

清初，中外贸易并没有限制在一地，外国商人可以到广东、福建、浙江沿海的口岸贸易。乾隆二十二年（1757），乾隆皇帝以"民俗易嚣，洋商错处，必致滋事"为理由，将通商口岸限制在广州一地。中国主要的出口商品是茶叶和丝绸，多产于江浙闽皖，离广州很远。茶、丝都要从陆路长途运输到广州出口，不但成本增加，而且容易损坏霉变。清政府不考虑经济效益，不许茶、丝就近出口，硬性规定只在广州一地和外国通商。而广州的对外贸易，又被清政府特许的"十三行"商人把持，外国商人来到中国，实际接触的只限于几个特许的行商，而不是广大的自由商人。一百数十年对外贸易积累的巨额资金，通过行商之手填塞了封建性消费的无穷欲壑，无助于中国经济的发展。

为了限制外国人的行动，清政府还制定了种种苛细繁杂的规条和章程，如所谓《防夷五事》《民夷交易章程》《防范夷人章程》等，禁止外国人长期居住在广州，禁止中国人受雇为外商服役，禁向外商借款，禁止外国人坐轿子，禁止外国妇女进广州城，外国人在广州商馆居住，不准擅自出入，每月只准有三天可以在附近散步等，目的是要使中国人民和外国人隔绝。清政府自己就说："向定章程，俾民夷不相交结。"[①]

---

① 两广总督李鸿宾奏，《史料旬刊》第九期。

三

在落后的经济基础上产生的闭关政策，对中国社会的前进起了严重的阻碍作用。当时，较有眼光的人就指出了闭关政策对经济发展和人民生活产生的不良影响。"南洋未禁之先，闽广家给人足，游手无赖亦为欲富所驱，尽入番岛，鲜有在家饥寒窃劫为非之患。既禁以后，百货不通，民生日蹙。居者苦艺能之罔用，行者叹至远之无方，故有以四五千金所造之洋艘，系维朽蠹于断港荒岸之间……一船之敝废，中人数百家之产，其惨目伤心可胜道耶？沿海居民萧索岑寂、穷困不聊之状，皆因洋禁……但能使沿海居民富者贫，贫者困，驱工商为游手，驱游手为盗贼耳。"[1]

闭关政策也妨碍了中国人学习世界先进的思想文化和科学技术。17世纪和18世纪，西欧冲破了中世纪的黑暗牢笼，思想文化和科学技术突飞猛进，放射出光辉异彩。中国的知识分子却被禁锢在理学、八股、考据、辞章的传统知识领域的泥潭中，脱离实际，闭目塞聪，死抱着古老的教条。中国人民与世界的历史潮流相隔绝，也就谈不上学习先进的东西。

从表面上看来，闭关政策似乎也限制了外国侵略者的活动，具有一点自卫作用。实际上，这种落后的、消极的政策只能束缚中国人民，而不可能限制住穷凶极恶的外国侵略者。资本主义的本性就是要侵略别国。越是落后的国家、落后的民族，遭受的侵略就越是严重。中国能不能抵挡住外来侵略，或者能不能减轻外来侵略的祸害，取决于中国能否急起直追，迅速进步，改变中国

---

[1] 蓝鼎元：《鹿洲初集》卷三《论南洋事宜书》。

和外国的力量对比，而决不能依靠自我孤立、自我隔离的政策。因为这种政策既不能改变侵略者的本性，又不能阻碍侵略国家力量的增长，只能作茧自缚，阻碍中国的发展，扼杀中国的生机和进取精神，使得中国和西方国家的差距越来越大。闭关政策是慢性自杀政策，对国家和民族有百害而无一利。

鸦片战争以后，闭关政策再也维持不下去了。闭关政策破产了，但是产生这种政策的落后的社会经济条件不可能在短时期内改变，在漫长的历史过程中形成的闭关自守、夜郎自大的思想也不可能很快消失。它像幽灵一样，时时缠绕着中国。到了近代，中国的门户已经大开，许多资本主义国家蜂拥而入。这时候，一些封建顽固派仍然力图回避与西方国家交往，拒绝接受一切新事物。鸦片战争后，为了保持虚假的"天朝"体统，道光和咸丰两代皇帝躲在紫禁城内，从来不和外国人见面。在外国的强硬要求下，经过三十年之久，同治皇帝才被迫第一次接见外国公使。清政府也不愿向外国派出外交人员，同样是在外国的压力下，才勉强请了一个美国人蒲安臣作为清政府的代表，组成中国的第一个外交使团，到欧美巡回访问。1862年，北京设立同文馆，后又增设天文算学馆，这是近代中国第一所学习西方语言文字和科学技术的学校。1871年，中国第一批官费留美学生出国学习。这两件事，顽固派激烈攻击为"用夷变夏"，在政治上掀起轩然大波。结果，留美学生中途停学，全部撤回，同文馆也招不到学生。1876年，英国人在上海修筑了一条三十里长的吴淞铁路，这是中国土地上的第一条铁路。清政府却以二十八万两白银高价购回后，拆毁扔弃在水里。1881年建成的从唐山到胥各庄的运煤铁路，最初由于顽固派反对用蒸汽机车牵引，只好用牲口拉着车厢在轨道上爬行。封建顽固派扬言："电线铁路，变华为夷，鄙见迂疏，期期以为不可。"[①] 可见闭关自守、夜郎自大的思想，流毒甚深，严重地阻碍着中国的进步。

历史已经过去了一百数十年之久。现在，党中央领导全国人民开始向四个现代化进军。在新的征途上，闭关自守、夜郎自大的残余思想，仍然可能成为我们前进的绊脚石。因此，重温一百多年前的这一段历史，接受教训，解放思想，继续破除闭关自守、夜郎自大的偏见，积极展开国际间的经济、文化交流，学习先进，赶超先进，是非常必要的。

---

① 《刘坤一遗集》，1764 页。

清代开发西部的历史借鉴[1]

实施西部大开发战略，是党中央的重大决策。研究历史上开发西部的经验教训，可以鉴古而知今。

一

中国幅员辽阔，人口众多，自然条件多样，民族成分复杂，各地区发展极不平衡，这是中国的重大国情。这一情况塑造了中国的历史，也制约着中国的发展。在历史上，西部和北部是游牧地区，东部和南部则是农耕地区，生产和生活方式的这一根本差异造成了严重而深刻的历史矛盾。农耕民族和游牧民族虽然有友好与交往的一面，但长时期处在对立和战争之中，如秦汉之与匈奴，魏晋南北朝之与鲜卑、氐、羌，唐朝之与突厥、回纥，宋朝之与契丹、女真，明朝之与蒙古、满族。长期征战，干戈扰攘，烽烟不息，造成血流成河、市镇为墟的悲惨景象，给历代人民的生命财产带来巨大的损失。冲突的根源即在于东西部地区经济、政治、文化上的巨大差异。这些冲突破坏力极大，对游牧民族或农耕民族都是重大的、长期的灾祸。历代统治者大都意识到这一

---

[1] 原载于《人民日报》，2000年4月13日。

点，或在西部屯田，进行开发，发展东西部之间联系；或采用和亲政策，以婚姻联络民族之间的感情。但由于生产力水平低下以及种种历史局限，这些努力收效甚微，东西部的差距和对立长期存在，不平衡现象不能得到根本解决。

清朝以少数民族身份入主中原，更懂得少数民族的要求与感情，它致力于开发西部、北部，安定边疆，政策比较正确，成效极其显著。清在康乾盛世，削平了盘踞伊犁的准噶尔割据政权，并在西南地区实行改土归流，完成并巩固了对蒙古、新疆、西藏、青海以及川、滇、桂、黔广大地区的统一。为了缩小、缓和东西部的差距和矛盾，清政府进行了长期努力，在西部移民困边、开垦荒地、兴修水利、建筑道路、沟通贸易，直到晚清仍继续开垦荒地、修建道路、开设厂矿、建立行省。西部地区的人口迅速增加，经济得以发展，民族团结得以增强，中国的版图因之奠定。到了近代，帝国主义入侵，中国各民族丢弃历史嫌怨，团结一致，风雨同舟，共同反抗外国侵略，度过了风骤雨急的危机时期而并未发生民族分裂，清朝长期开发西部和团结兄弟民族，实有不可磨灭的功绩。

二

清代开发西部的前提就是努力营造一个良好的政治环境。国家的统一、边疆的安定是开发西部不可缺少的条件，而西部的开发又反过来稳定了社会秩序，巩固了国家的统一。清政府在西部筑城设官，驻兵戍守，其方针是"修其教不易其俗，齐其政不易其宜"，也就是尊重少数民族的宗教信仰、风俗习惯，根据各地的情况，进行统治和管理。伊犁地区与俄国接壤，为俄所垂涎，故重在边防，设置将军驻扎重兵；蒙古地区在原来鄂拓克的基础上，划分盟旗，设立扎萨克；维吾尔族地区沿袭其伯克制，设置阿奇木伯克，派驻大臣；云贵川黔在改土归流之后设置与内地相同的州县；西藏则树立达赖喇嘛的权威，设立噶厦政府，实行政教合一，派遣驻藏大臣协同管理。清政府尤其注意团结少数民族中有影响的人物，给以王公爵位，厚其俸禄，并和蒙古族通婚联谊，皇帝皇族娶少数民族女子为后妃福晋，而公主、郡主纷纷下嫁蒙古王公。

为了笼络少数民族，清政府令其领袖每年岁末来北京朝觐皇帝，谓之"年班"；或于秋季至承德，随皇帝"木兰秋狝"，校猎习武，谓之"围班"。每值"年班""围班"，都要隆重举行宴会，赏赐大量金银、绸缎、财物。清政府为维护统一，坚决镇压叛乱，反对民族分裂和外国入侵。1750年平定了西藏珠尔墨特的叛乱；1755年削平了盘踞天山南北的准噶尔割据政权，接着镇压了阿睦尔撒纳叛乱；1759年平定南疆维吾尔族大小和卓的割据。1792年廓尔喀入侵西藏，占领班禅驻锡之地扎什伦布寺，清军万里跋涉，战斗在喜马拉雅山上，击退廓尔喀军，保卫了西藏。1826年张格尔从安集延窜入南部新疆，发动叛乱，清军横越大漠，击溃叛军，维护了南疆的安定。鸦片战争后，浩罕国的阿古柏，乘中国内地战乱之机，又入侵南疆，建立政权，左宗棠受命西征，转战万里，收复南疆。同时，俄国强占伊犁地区十年之久，经过艰难的交涉，索回伊犁，保卫了祖国的神圣领土。国家的统一，边疆的安定，西部的开发，行之维艰，来之不易，是和反对侵略、反对分裂的长期斗争分不开的。

三

清代西部开发以实行屯垦、发展农业为主。18世纪以后在新疆设立各种屯田，有兵屯、旗屯（八旗兵屯田）、民屯、回屯（维吾尔族屯田）、遣屯（流放罪犯屯田）等。至19世纪初，乌鲁木齐、伊犁的屯田数达120万亩，以后有更大增加。其中主要是民屯，大批汉族农民，从陕西、四川、甘肃西迁。政府帮助他们安家立业，每户拨地30亩，即为私产，贷给耕牛、农具、种子及一年口粮，6年起科（6年内免纳赋税），使移民们"到屯即有房间栖止，又有口粮度日，得领地亩、农具、马匹、籽种、尽力田亩，不致周章"（《朱批屯垦》乾隆四十二年八月二十六日）。蒙古地区很早就有汉民移入，晚清更大规模放垦，东部放垦800万亩，西部放垦360万垧。这样，昔日游牧之地出现了大片农田，呈现出一片郁郁葱葱的景象。

西南地区原属土司管辖，雍正时改土归流，大批汉人前往垦田，如云南峨山"人烟稠密，田地尽辟，户习诗书，士敦礼让"（道光《元江府志》）；广南府则"楚、黔、粤、蜀之携眷者进居其地风餐露宿而来，视瘴乡如乐土，耕垦营生者几十之三四"（《彝族史稿》）。西藏道路遥远，汉人尚无入藏垦种之人，但入藏官兵商民，携带农作物种子及农具什物，络绎而往。十三世达赖和清驻藏大臣公开告示"西藏留有许多荒地，今后凡有劳力之贫困户均可于山岗谷地中之公共土地，尽力垦荒、种树、种刺柴，不得加以阻拦"(《藏文史料译文集》,第202页)。

屯田垦荒,水利为先。清政府非常注意调查西部的山川形势、土壤水源,"视其地土肥瘠,水泉多寡,以定耕作"。新疆屯田之始,乾隆帝即命阿桂引伊犁河之水,以灌田地。乌鲁木齐也是水利大兴,可以种植水稻,当时流放在此的纪昀诗中说"新稻翻匙香雪流,田家入市趁凉秋,北郊十里高台户,水满陂塘岁岁收"(《乌鲁木齐杂诗》)。林则徐遣戍新疆,督率民工,兴修水利,修成著名的龙口工程。他主持修竣的宽达5米的水渠,至今碧波荡漾,仍在灌溉和滋润西部的土地。其后,他又奉旨赴南疆勘荒。他不辞辛劳行程3万里,跨越塔克拉玛干沙漠,亲历南疆八城考察土质,寻找水源,雄心勃勃地想把这片沙漠地区改造成江南鱼米之乡。他的诗中说:"但期绣陇成千顷,敢惮轻车历八城。"(《柬全小汀》)左宗棠收复新疆后也以水利为最要工程,其部属刘锦棠、魏光焘继步其后,新疆水利得到全面整治。光绪末,新疆共有大小渠道2000余,长达7万里,溉田能力达1000余万亩。

四

清代的西部开发,除屯田垦荒外,又利用边疆地区的优势,发展畜牧业和矿业。新疆、蒙古土地辽阔,草茂泉甘,宜于放牧。乾隆在平定准噶尔以后,即从各地购买马2万匹、牛5000头、驼1500头、孳生羊8万只,送伊犁放牧。1771年土尔扈特部数万人从俄国伏尔加河,历尽艰辛,返回祖国。乾隆把他们安置在新疆各地,发给马驼牛羊20余万头及大量物资,使其安居放牧。蒙古地区则有清政府设立的许多官牧厂，太仆寺牧厂养马4万匹，庆丰司牧厂养羊21万只，达布逊诺尔与达里冈爱牧厂养马驼12万匹、牛3万头、羊34万只。西部繁荣的畜牧业为东部人民提供了丰富的肉食、皮毛制品和运载工具。

开发西部，人口聚集，需用煤炭以供取暖炊事，要有铁器制作农具，西部地区的矿业也因此得以开发。如蒙古有札赉诺尔煤矿、井子沟煤矿，伊犁有煤窑24座，乌鲁木齐北山和西山也有很多小煤窑。据纪昀说："城门晓启则煤户联车入城。"铁矿以乌鲁木齐为最大，年产量达5.5万公斤。西南地区，矿产资源丰富，乾隆年间云南铜矿产量达最高峰，年产650万公斤。清政府因铸币需要，鼓励产铜，每年借给资本银100万两，谓之"官发铜本"。商民鹜集，全省采铜工人有数十万人，是当时全世界规模最大的铜矿。

西部僻处内陆，沙漠广布，山谷纵横，交通不便。清政府开发西部的重要措施是发展交通，对全国的驿路塘站的建设和养护十分注意。驿传网络，四通八达，覆盖全国，统一由兵部管理。自北京的皇华驿起始，有通往蒙古、新疆、西藏、西南的驿路，沿路设置军台营塘，递送军事物资和情报，接待过往官兵，沟通商民往来与货物流通。驿路两旁，人民定居落户，渐成村庄市集。西南地区除驿路外，乾隆年间还耗资巨万，疏浚金沙江水道，凿石治滩，使江水畅流，作为运送云南铜矿的通道，号称"千古之大功"。

开发西部必须和东部地区开展贸易交流。乾隆帝说："新疆驻兵屯田，商贩流通，最为重要。"（《清高宗实录》卷610）故大力鼓励贸易。18世纪末，乌鲁木齐一带，商业繁盛，"内地商贾，艺业民人，俱前往趁食，聚集不少"（《皇朝经世文编》卷81），交易商品多为牲畜茶叶、绸布、玉石、药材等。蒙古则形成了归化（呼和浩特）、张家口、承德、多伦诺尔等商业城市。归化城"居民稠密，一切外来货物先汇聚该城囤积，然后陆续分拨"（巴延三:《查明归化城税务折》）。商人则有晋帮、京帮、河北帮、陕西帮，而以晋商最强大。承德既是避暑山庄所在，也是货物集散地，其买卖街"最称繁富""左右市廛，连亘十里""商贾辐辏，酒旗茶旌，辉映相望，里闾栉比，吹弹之声彻夜不休"（朴源趾:《燕岩集》）。西南地区，由于矿业大兴，"聚吴蜀秦滇黔各民，五方杂聚，百物竞流"，也是一派兴旺景象。西藏与内地的贸易往来也十分频繁，四川的打箭炉、青海的西宁、云南的大理都是内地与西藏联络交流的门户。

西部地区和外国接壤，有漫长的边境线，进行国际贸易是促进西部经济发展的有力杠杆。伊犁与哈萨克的贸易很兴旺，每年购进大批马牛羊，而输出内地的茶叶、丝绸和维吾尔族土布。南疆则与浩罕的贸易很发达，"茶是输入浩罕的大宗，茶的消费在整个中亚很普遍"（佐口透:《18—19世纪新疆社会史研究》）。对俄贸易则以蒙古恰克图为中心，商贾云集，交易繁盛。1800年中俄两国进出口贸易总值达830万卢布，这是一笔很大的数目。

五

18—19世纪，清代经营、开发西部经历200年之久，在当时生产力水平下，已是成果卓著。西部的人口急剧增加，经济文化迅速发展,东西部的联系交流更加密切,缩小了差距,民族凝聚力逐步增强,国家的统一大大巩固,这是超越历史上各代王朝的巨大成绩。周恩来总理说:"清朝以前,不管是明、宋、唐、汉各朝,都没有清朝那样统一。"(《关于我国民族政策的几个问题》)中国的统一、疆域的奠定、民族的凝聚是和清朝开发西部、发展西部经济、沟通东西部地区联系交流的努力分不开的。

清朝开发西部固然取得了辉煌的成绩,但也发生了重大的失误,遗留下后果深远的影响,这就是造成了生态环境的破坏。当人们开发西部,通过勤奋劳动,向自然索取财富的同时,也在改变生态环境,使其失去了平衡。为了养活众多的人口,人们无限制地把森林、牧场、湖泊垦成农田。无补偿的开发导致森林消失,牧场萎缩,水土流失,沙漠扩大,环境变得日益"严酷",使人们难以栖息和生存。人可以通过劳动向自然索取可供消费的财富,但自然的给予是有限的,贪婪而没有补偿的索取必将遭到大自然的无情报复。当今天我们对西部进行更大规模的开发时,必须牢记这一教训,把退田还林、保持水土、整治沙漠、美化环境作为西部开发的题中应有之义,列为头等重要的任务。

中日甲午战争的前因与后果[①]

今年是中日甲午战争爆发一百周年。这场战争给中国带来严重的灾难，创深痛巨，永远值得回顾和反思。这次战争为何发生？中国为何战败？何以受到巨大的屈辱和损害？战争造成什么后果？中国近代化进程何以受挫？中国近代历史何以如此迂回曲折？重温甲午战争的历史，将能得到有益的启示和教训。

在古代，亚洲东北部的政治格局比较简单，只有中国、日本、朝鲜三个国家以及北部的若干游牧民族，整个区域处在中国的文化圈内，受中国政治、经济、文化的影响。中、日、朝三国在近代以前的较长时间内和平相处，并无兵戈。16世纪，西方殖民主义东来，葡萄牙租借澳门，西班牙、荷兰、英国、法国接踵而至，中国的东南海面，从此扰攘不靖。16世纪末，俄罗斯的哥萨克跨越高峻的乌拉尔山，穿过广阔的西伯利亚，17世纪前期已到达太平洋西岸。西欧国家从海上，俄国从陆上，把侵略魔爪伸向了东亚，改变了这里简单的政治格局，给这片平静而封闭的土地造成了强烈的震撼。

以1840年中英鸦片战争为契机，外国殖民势力用大炮轰开了中国的门户，中、日、朝三个东亚国家同时被卷进世界资本主

[①] 原载于《历史教学》，1994年第7期。

义历史漩涡，成为列强追逐的猎物。而中国和日本在被外国侵略之下，开始认识西方文明的优越性，力图富国强兵，向西方学习：中国出现了持续30年的洋务运动，日本发生了尊王倒幕的明治维新。中国幅员广阔、资源丰富，洋务运动30年内造枪炮、建工厂、开矿山、办电报、筑铁路、设海军。以李鸿章为代表的洋务派醉心于西方物质文明的成就，努力将它移植于中国，企图借资本主义的器物，挽救封建王朝的没落。他们的举措一时也颇炫人耳目，以为真正取得了进步。其实清王朝政治腐败，已病入膏肓，而顽固派的势力十分强大，阻挠一切新事物，洋务派的封建性格也极深，又对外国百般依赖，虽进行了枝枝节节的改革而步履迟滞，如蜗牛爬行。有识之士早已认识它的弱点，洋务运动好像纸糊的房子，只可供表面观看，却经不起风雨的吹打。中日甲午战争的失败证明了洋务运动不可能使中国振兴富强。

日本和中国一样，同样面对殖民主义的侵略和西方文明的冲击。但它的社会结构、政治体制、意识形态和中国不同。与中国洋务运动同时起步的明治维新一开始就显示出蓬勃的朝气。它不但在工厂、航运、矿冶、铁路、电信等方面取得了成绩，而且在政治、教育、法制、军制、思想领域厉行改革、除旧布新。1872年实行义务兵役制和义务教育制，1878年设立参谋本部，进行军制改革。80年代颁布新学制，1885年制定新官制，设立内阁。1889年颁布宪法，1890年进行议会选举，组织政党。尽管日本的改革并不彻底，富有封建的、军国主义的色彩，但毕竟已在资本主义的轨道上迈开了步伐，比中国争先一着，取得明显的成效。

日本统治者从一开始就强烈意识到要发展本国的资本主义，就必须对外扩张，掠夺邻国的土地和资源。它把侵略的矛头对准中国和朝鲜。明治维新初期，日本国内即充满着"征韩论"的叫嚣，以后一直扩充军备，欲与中国寻衅。1874年，日本曾派兵入侵台湾省；1883年与1885年又在朝鲜制造政变，扩张实力，挤迫中国，但均因羽毛未丰，其海陆军实力尚非中国对手，故暂时隐忍，不敢贸然与中国开战。中日甲午战争前夕，日本投入更大力量，厉兵秣马，追赶中国，必欲与中国一战而胜。到甲午战争时，它的正规陆军扩充至7个师团约12万人，预备役25万人，海军拥有28艘舰只，约58 000千吨，实力已在中国之上。而清政府盲目自大，以为日本是新起的小国，对它缺少警惕。清朝官僚认为日本在军事上不堪一击，"敢与上国抗衡，实以螳臂当车"。正是在清王朝漫不经心、未加防备的情况下，日本发动突然袭击，燃点起熊熊战火。

除了在东亚地区竞争的主角日本和中国之外，英国和俄国也已成了支配东亚局势的强大力量。英国的资本主义发展最早，海上力量尤其强大，其殖民地遍布全球，在远东的势力和影响首屈一指。1824年侵占新加坡，1842年侵占婆罗洲北部。此后，以印度为基地，并吞缅甸和喜马拉雅山区的尼泊尔、不丹、哲孟雄；用武力侵占中国香港，强迫中国五口通商，又在长江流域和其他地方取得广泛权益，当时英国势力已进入中国全境。19世纪后期，各国对华贸易中英国的份额遥遥领先，占中国外贸总值的70%以上，英国人在中国经营的公司占外国人在华公司的三分之二。英国还通过清政府控制了中国的海关，操纵中国的海陆军，干涉清朝的内政。当时,美国的亚洲舰队司令里德十分艳羡英国的地位。他说:"英国人这样有步骤地在中国进行掠夺,并使中国人服从其指挥,乃至于他们实际上成了这个国家的主人。他们控制着贸易、报纸、商港和政治。"①

俄国也是东北亚的政治大国,特别是在第二次鸦片战争中,它趁火打劫,撕毁了业已签订一百七十年之久的《尼布楚条约》,挥师突破中国边界,直下黑龙江,强迫清政府签订《瑷珲条约》和《北京条约》,割占了黑龙江以北、乌苏里江以东一百多万平方公里的中国领土,进一步要在远东地区争夺霸权。当然,由于俄国刚刚占领这片广大土地,经营未久,立脚未稳,而西伯利亚在经济上尚未开发,俄国从欧洲本土来到远东,路途遥远,交通极为不便。甲午战争以前,它正投入巨大的人力财力,经营远东,加强军事力量,修筑西伯利亚大铁路,为进一步扩张做准备。甲午战争前夕,俄国在远东的势力已咄咄逼人。一位苏联历史学家评述19世纪后期远东和中国的形势说:"从对中国的事务的利害关系和对中国事态发展施加影响的能力来说,俄国当时仅次于英国,居第二位。"②

19世纪后期的东北亚,在中、日、英、俄四种力量的矛盾和制衡下,引发种种事态。四种力量构成两对矛盾,即中日矛盾和英俄矛盾。中日矛盾起初较为微小,不引人注目,但随着日本军国主义的迅速发展而日益尖锐。日本处心积虑,必欲邀击中国。它正在积蓄力量,窥测时机,制造借口,以求一逞,东亚上空的

---

① 转引福森科:《瓜分中国的斗争和美国的门户开放政策》,第77页。
② 波波夫:《太平天国时期的沙俄外交》。

战云日渐浓密。而英国和俄国则系长期宿敌，两国在世界范围内到处剑拔弩张。50年代，俄国与英、法、土耳其在克里米亚进行了一场激烈而残酷的战争，80年代英俄在阿富汗又屡次发生冲突。在远东，俄国集结舰只于海参崴，威胁英国在远东的势力，英国则一度占领朝鲜的巨文岛，以扼阻俄国势力的南下。为了对付俄国，英国急需在远东找到伙伴，它终于物色上新起的日本，而日本也竭力巴结英国，抢在甲午战争之前与英国完成修订条约的谈判。为了取得英国的欢心，日本在谈判中大幅度地出让主权，接受60种商品的协定关税，推迟废止领事裁判权等，以换取英国默许自己向中国用武。就在中日甲午战争爆发前夕，英国外相在签订英日新条约的仪式上祝词说："这个条约的性质对日本来说，比打败中国的大军还有利。"[1]

俄国对日本的扩张虽有顾虑，但当时西伯利亚大铁路尚未筑成，在远东的军事力量不足，并且，它一开始低估了日本的作战能力和野心，也没有预料到清朝政府缺乏抵抗意志而迅速溃败，故对战争的爆发听之任之，抱着"坐山观虎斗"的态度。直到中国战败，日本企图割取中国的辽东半岛，严重地触犯俄国的利益，俄国才慌忙纠集法国、德国一起，演出了"三国干涉还辽"的一幕，阻止日本在中国东北的扩张。

这样，日本巧妙地利用了英俄矛盾，并得到美国支持，躲开了可能的国际干涉。战争时机酝酿成熟，遂于1894年借帮助朝鲜政府镇压东学道起义为名，悍然出兵，向中国发动战争。是年7月，日本军舰先在朝鲜的丰岛海面，不宣而战，突然袭击中国

---

[1] 井上清等：《日本近代史》，第92页。

的军舰和运输船只。接着，日本陆军又进攻驻在朝鲜牙山的清朝军队，挑起衅端。8月1日，中日两国正式宣战。日本组成了以天皇为首的战时大本营，统筹战争时期的军事、外交、政治、经济。海军组成联合舰队，出入于朝鲜和中国海面，寻求决战。陆军则倾巢而出，投入战场，力求速战速决。并颁布紧急敕令，募集战时公债，制造"圣战"舆论，煽动军国主义狂热，倾注全国的人力物力，务求战争必胜。而清朝政府却对战争缺乏准备，没有抵抗的决心，没有战前的部署，没有统一、明确的指挥。掌握军政大权的慈禧太后和李鸿章都害怕战争。慈禧太后正高高兴兴地准备庆祝自己的六十寿辰，不愿战争影响了庆典；李鸿章一心一意要保存淮军和北洋舰队的实力，寄希望于列强的"调停"和"干涉"。连总税务司英国人赫德也说："外交把中国骗苦了，因为信赖调停，未派军队入朝鲜，使日本一起手就占了便宜。"[①] 在这种怯战、妥协的指导思想下，清朝的陆军在平壤作战失败，溃不成军。北洋舰队也在黄海交仗失利，避匿于威海，不敢复出。日本夺得了制海权，遂毫无顾忌地渡过鸭绿江，长驱而入，把战火烧到中国东北境内。就在北京笙歌沸天，向太后欢呼祝暇之时，大连、旅顺相继失陷，前线频传败绩。翌年，日军又在山东登陆，清朝陆军作战仍不力，北洋舰队的据点威海沦陷，中国新生的海军面临绝境，在进行了勇敢抵抗之后，全军覆没。中日甲午战争经过八个月战斗，中国海陆军均告失败，清政府不得不派年迈的李鸿章前往日本求和，签订《马关条约》。条约规定：中国将台湾省和辽东半岛割让给日本；中国赔款银2亿两，日本可

[①]《中国海关与中日战争》，第59页。

在中国口岸投资设厂，增辟通商口岸，等等。这次战败，割地之广阔，赔款之巨大，勒索之苛刻，使全世界感到震惊。中国人民被套上了又一具沉重的枷锁。

正像许多历史学家所指出的：甲午战争，中国败于政治上的落后与腐败。洋务运动，枝节改革，本末倒置，与日本的明治维新相形见绌。以军事言，中国的陆军虽早已使用西式枪炮，但营制、规则、训练、指挥、后勤均未改变，仍是湘淮军旧制。甲午战争时，一批又一批训练不精、纪律不明的队伍，仓促上阵，既无积极进取的战略，又无统一集中的指挥。而将领大多深染封建军营的习气，怯于战阵，往往一触即溃。中国海军较胜于陆军，建成于1888年，拥有定远、镇远等铁甲巨舰，号称亚洲第一，实力本在日本海军之上。但是，成军以后，未添购一舰，未更新一炮，军舰陈旧，航速迟缓，缺少速射炮，军火后勤更是弊窦丛生，临战缺少炮弹。海军经费被挪用于建造颐和园。而日本则以中国为假想敌，倾全国之力，建设海军。为此，明治天皇颁发内帑，谕令官吏交纳薪俸十分之一，并向民间增税募款，追赶中国海军的紧迫感激励着日本朝野上下，产生巨大的动力。海军的投入迅速增加，终于在几年内海军实力超过了中国。战时，李鸿章幻想避战保舰，央求列强调停，但列强宁作壁上观。刚刚勃兴的日本军国主义侵略成性，嗜战成癖，不择手段地进行突然袭击。李鸿章委屈退让，保全和局的幻想彻底破灭。

在弱肉强食、竞争激烈的资本主义世界中，发展的速度至关重要，步伐迟缓就会失去时机，被挤出竞争的轨道而堕入谷底。甲午战争中，国家维大而步伐迟缓的中国败于同时起步而锐于进取的东邻小国日本。日本借战胜之威，尽情勒索金钱土地，充填欲壑，吸中国之精血脂膏，补日本之元气实力，故日本脱颖而出，能追赶列强而与之并驾齐驱。中国则割地赔款，元气大伤，国际地位，一落千丈，丧失了发展机遇，沉沦于苦海之中。

中日甲午战争对中国是巨大的震动，全国一片沸腾。当《马关条约》签订的消息传来时，中小官吏和将领痛哭流涕，反对割地、赔款；康有为团结各省举人，发动"公车上书"，要求拒和、迁都、变法；伟大的民主主义者孙中山首次揭起推翻清朝政府的义旗；台湾人民则投入抗日保台的激烈战斗中。全国人民和先进分子进行痛苦的反思和长远的筹谋。陈独秀回忆说"甲午战争的失败，国土的割让，使举国上下，如大梦初醒，稍有知识者大多承认了富强之策"。从此，救亡和改革的大潮涌起，成为中国政治的主旋律。1898年戊戌变法，维新派一度登上历史舞台，企图依靠皇帝的权威推行改革措施，可是保守势力十分强大，进行反击，维新运动，昙花一现，即行凋落。义和团运动是蓄积在下层民众中反帝怒火的喷发，表现了爱国主义精神，但农民小生产者落后的思想、组织和斗争手段不可能抵挡住穷凶极恶的帝国主义豺狼，义和团的战士们倒在了八国联军制造的战争血泊之中。辛亥革命，同盟会领导人民掀起了轰轰烈烈的反帝反封建革命，成功地推翻了清朝政府，结束了两千多年的封建专制帝制。历史又一次展现了发展的机遇，但是邪恶的旧势力并没有随同清王朝一起死亡，帝国主义、封建主义仍牢固地控制着中国，形成了军阀的统治和混战。中国在黑暗中探索、踯躅、奋斗，还找不到出路。

日本是甲午战争的胜利者。赔款之巨，得地之广，掠夺权利之大是军国主义者自己始料不及的,全国沉浸在胜利的欢乐之中,如醉如狂。日本政界财界头子井上伯爵说:"得到这笔赔款以前,在日本的财政机关中,上亿日元的款项连提也没人提过,收入至多到过八千万日元。所以想到有三亿五千万日元涌进国内(按:中国赔款银二亿两当时折合三亿五千万日元),无论政府或私人都产生了一种无限富有的感觉。"① 但是,前一场战争的结束往往是后一场战争酝酿的开始。中国失败,在东北亚腾出的力量真空立即被俄国所填补。俄国在《马关条约》签订以后,立即联合法国、德国,强迫日本退出了辽东半岛,一面市恩于清政府,一面在东北亚扩大地盘,插手朝鲜,租借旅顺,修筑中东铁路。日本与俄国势不两立,新的战争乌云又笼罩在东北亚的上空。

俄法德三国干涉还辽给沉浸在战胜狂欢中的日本泼了一瓢凉水。当时,日本在甲午战争以后,力量耗尽,财政匮乏,无法对抗三国的压力,只能忍气吞声,放弃侵占辽东半岛。日本的方针是:"对俄法德三国完全让步,但对中国一步不让。"② 要求中国在二亿两赔款之外,再付给日本三千万两"赎辽费"。日本朝野以三国干涉为奇耻大辱,要求卧薪尝胆,誓报此仇。甲午战后,它立即以俄国为假想敌,进行战争准备。1895年,日本参谋本部提出陆军扩充计划,为了战胜俄国,拟在现有7个师团的基础上,再增加7个师团,常备军达25万人,战时动员后备军可达兵力60万人。海军方面,提出"六六舰队"的设想,建造和购置一万吨级以上的军舰。伊藤博文内阁所提十年扩军计划的军费达六亿日

---

① 转引波波夫:《日本的经济》,第23页。
② 陆奥宗光:《蹇蹇录》,第165页。

元，其年度财政支出的预算达到甲午战前的两倍半，其中军费支出高达 40%—50%。扩军经费除了来自中国的赔款以外，尽力在国内搜刮，横征暴敛。就像日本报纸上所说："即使把三餐节省为两餐，也要扩充海军。"① 他们在战争的精神准备方面尤其突出。俄国陆军大臣在总结日俄战争中日本战胜的原因时说："我们没有注意，多少年来日本人民的教育就贯彻着一种尚武精神和爱国的方针。这个国家的教育方法，在小学校就教育孩子们热爱自己的国家，并成为英雄人物。这个国家对军队的信任与尊敬，个人乐于服兵役和为此而感到自豪，各阶层保持的铁的纪律，以及武士道精神的影响""所有的名门望族都试图为国效力，或送子弟从军，或捐献钱财……不仅士兵而且全体国民都感到这场战争的极端重要性，了解进行战争的理由，不惜一切牺牲争取胜利，使日本获得胜利的力量就在于此。"② 总之，甲午战后，日本的战争狂热一发而不可止，日本政府把国家引向军国主义而一路狂奔。

俄国在联合法德干涉还辽成功之后，野心更加膨胀。它促成了俄法对中国的四厘借款，建立道胜银行，又诱胁清政府签订中俄密约，侵占旅顺，夺取建筑中东铁路的特权，把中国的东北视为自己的禁脔，军事力量也迅速增强。俄国远东军区的陆军从 1894 年的 20 个步兵营、若干炮兵连，增加到 1903 年的 108 个步兵营。其远东舰队从 4 万吨增至 10 万吨，旅顺口和海参崴军港得到增强。日俄战争前夕，西伯利亚大铁路已经通车，俄国已能把军队和给养从欧洲调到远东地区。但是刚刚修通的单轨长程铁

---

① 1895 年 5 月 17 日日本《报知新闻》。
② 库罗帕特金：《俄国军队与对日战争》，第 122 页。

路，设备未全、维护很差，还难以发挥迅速运输的功能。

日本与俄国不遗余力地扩军备战，力求争霸。1904年，日俄战争终于爆发。这次战争动员兵力之众多，战斗之激烈，远远超过甲午战争。两个帝国主义强盗作战，战场却在中国的领土上，中国人民的生命财产受到严重损失，这也是弱肉强食世界中的怪现象。结果，俄国战败，势力退到北满，日本取代了俄国在南满的地位。日本以新兴小国，十年之内，连续打败中国和俄国两个庞然大国，趾高气扬，不可一世，进一步整军经武，企图独占中国，称霸世界。

日本是亚洲国家中第一个挣脱殖民主义枷锁、取得独立自主的国家，以后却成为远东最主要的战争策源地，最凶恶的侵略者，这是值得引以为训的。日本的社会结构、历史传统、民族性格、政府决策以及全体人民的努力，使它在近代化的道路上迅速而顺利前进。但日本统治者选择了军国主义道路，穷兵黩武，对外扩张，以邻为壑，对中国和朝鲜进行敲骨吸髓的榨取，以弥补其贫乏的资源和虚弱的国力。它似乎胜利了、成功了，但武力征服，多行不义，走上了军国主义的歧途，种下了失败的根由。直到1931年日本侵吞中国东北，1937年全面发动侵华战争，1941年突袭珍珠港，发动太平洋战争。侵略欲望无限膨胀，暴虐行动日益疯狂，不仅使中国人民遭受巨大的灾难，也给日本人民带来悲惨的遭遇。此非中国与世界之福，亦非日本之福。结果，第二次世界大战中，日本战败，经济崩溃，民穷财尽，发动侵略战争的日本战犯被送上了审判台，日本人民也深受战祸，生活在水深火热之中。

日本民族是坚强而有志气的民族，败而不馁。虽然日本在少数统治者的误导下曾走入歧途，但仍能在战争的废墟上努力重建家园，治疗战争的创伤，迈步前进。第二次世界大战以后，苏美两大阵营对抗，日本在缝隙中抓住机遇，埋头建设，自立自强，终于出现了经济腾飞的奇迹，经过长期努力，成为全世界数一数二的经济大国。日本民族在失败以后迅速复兴的奋斗精神固然可贵，同时，我们又殷切希望它胜而不骄，记取从甲午战争以来的多次教训，涮雪前非，根绝军国主义，以和平立国，以友谊待人，珍惜自己的成果，与远东和世界人民永远友好相处。

中国受害一百多年，历尽坎坷，备遭凌辱。在中国共产党的领导下经过长期的艰苦奋斗，1949年方能摆脱帝国主义、封建主义的压迫，建立中华人民共和国。四十多年来的建设成就光辉灿烂，世所瞩目。国家实力增强，人民生活改善，国际地位提高。但今天我国尚处于社会主义初级阶段，要建设第一流的强大国家，还需要长时期的不懈努力。中日甲午战争的教训是：弱者必定挨打，失败者只能任人宰割，只有国家独立富强，才能保证人民的权利和幸福。甲午战争以来，无数先烈流血牺牲，梦寐以求国家的昌盛和民族的复兴，这一伟大的遗愿要由我们去奋斗实现。当前，经济建设正在蓬勃发展，必须抓住时机，解放思想，振奋精神，加快改革开放的步伐，增强国家实力，提高人民生活，根除腐败，早日建成富强、民主、文明的社会主义现代化国家；并且与周边国家友好相处，防止侵略战争的发生，为世界和平做出更大的贡献，以酬慰历次战争中为国牺牲的英灵。这是我们回顾和反思中日甲午战争所得出的主要结论。

五四运动与传统文化[①]

七十年前，中国的天空满布阴霾。辛亥革命的胜利果实被窃取，袁世凯、段祺瑞等军阀势力统治着中国。日本帝国主义趁第一次世界大战之机，加紧侵华。封建主义的文化思想仍支配着神州大地，禁锢着人们的头脑。这时，一声春雷，爆发了五四运动，先进知识分子与青年学生率先点燃爱国救亡和思想启蒙的火炬，披荆斩棘，探寻救国救民的真理。他们如饥似渴地引进西方的各种理论、学说，批判儒学，反对旧礼教、旧八股，追求民主和科学，对几千年封建传统文化进行猛烈的抨击，开拓了中国革命文化发展的新纪元。

一、中国的传统文化

中国是个历史悠久、具有灿烂文明的国家。传统文化根深叶茂，源远流长，内涵十分丰富，既有精华，也有糟粕。中原地区在几千年之前进入农耕社会，自给自足的小农经济占优势，农民分散在广阔的土地上，辛勤劳动，备受地主阶级的剥削，虽有一定的社会分工与交换，但商品经济很不发达。在民族性格上，既

[①] 原载于《历史的选择》，山东大学出版社，1990年。

有勤劳、朴实、坚韧的一面，也有保守、愚昧、散漫的一面。中国在政治上长期维持着封建大一统的局面，专制政府和官僚机构凌驾于民众之上，形成层层控制的严密结构。因此，中国古代文化留下了深刻的"官本位"烙印，政治与文化、帝统与道统密切结合。在古代士大夫身上存在着严重的依附性和不独立性，但在这统一的整体结构中，他们更多地关注集体的生存，培育了他们的参与意识、忧患意识、民族尊严感。中国盛行宗法家族制，家庭意识十分强烈，纲常伦理是天经地义的准则。这就形成了以家庭为细胞的强韧的民族凝聚力，发展了人际关系中敬老尊长、扶弱恤贫的美德，但同时也存在着违背人情的野蛮落后的父权、夫权观念。中国处在亚洲东部，东、南面临汪洋大海，西、北多沙漠草原，西南多高山密林，和世界上的其他文化中心相距较远。在生产力和运输能力尚不发达的古代，这一地理环境是与外部世界交流的巨大障碍。因此，中国发展了具有鲜明特色的古代文化体系，和欧洲、阿拉伯、印度的文化明显不同。中国自古以来是个文化输出国，亚洲毗邻国家和地区处在中国的文化磁场之内，深受影响，中国形成了强烈的自我中心意识。中国的封建统治阶级自以为文明声教高出于全世界，闭关自守，故步自封，不愿也不屑和外国交往，直到距今一百五十年前的鸦片战争时，中国的统治者仍虚骄自大，自我封锁，在天朝上国的迷梦中酣睡。

总之，中国的封建传统文化植根于自己的土壤中，自成一种文明体系，适应自己的环境和条件，能够应付来自农业社会的种种挑战，顽强地维持自己的生命和活力。详细而具体地分析中国古代传统文化各个方面的特点，应该是许多学科领域专家们分工合作、长期努力的重大课题。在这里可以提出的是：每一种文化体系都是一个生长着的有机体，都是一种生命力的表现，各有其产生、发展、中衰、复兴、死亡的过程，都有自己区别于其他文化的知识结构、思维方式、价值取向、审美观念、符号体系，都包含着丰富多彩的知识内容和文化要素。这一切都是人们在不同时代、不同地区改造世界与发展自身所取得的文明成果的积淀，都有其真、善、美的方面，也有其假、恶、丑的一面。对任何国家、民族的传统文化都需要进行长期的研究和细微的分析，脱离其生成的历史条件，简单地对其绝对肯定或绝对否定，都是不慎重、不可取的。

中国古代文化有长期发展的历史，表现出能够适应环境的强大生命力。它最早以黄河流域和长江流域为中心而形成，不断吸收其他地区和其他民族的文化，包括北方游牧民族、南方山地民族的文化，逐渐丰富、充实。它也像大河、大江一样，汇集百川，吞纳众水，浩浩荡荡地奔流，时间越长久，包含融合的文化品种越多样，涵盖和辐射的区域越广大，汪洋浩瀚，千姿百态，蔚为壮观。

中国古代文化以儒家文化为主干。儒学，经过两千多年的演化、锤炼，具有严整的体系、丰富的内容、精细的论证和推理。它的影响既普遍深入，又持久不衰，不仅支配着历代朝廷的统治者、决策者，而且影响到中国社会各个角落以及士、农、工、商各个等级阶层。儒家的观念形态、伦理准则塑造了世世代代的中国人，规范和制约着他们的思想、言论、行动以至性格特征和深层心态。要研究中国和中国人，必须研究儒家文化。

儒家文化不是单纯不变的事物。它在长期的历史发展中饱历风霜，几经变化，其原型和后来的变型已大不相同。春秋战国时代，以孔子、孟子、荀子为代表的儒家，传述经典，修习六艺，传扬仁义，是当时百家争鸣中被称为"显学"的一家。到了汉代，儒家吸收了道家、法家的某些思想内容，受到政府的尊崇，立在学宫，经过今文学派董仲舒，到古文学派郑康成，出现了恪守师说、注经释经、与政治紧密结合的汉代经学，使儒学成为封建专制国家的官方意识形态。以后又屡经沧桑，经历了魏晋南北朝、唐宋元明，吸收了域内各民族文化和域外佛教文化，产生了程朱陆王的新儒学，即精深细密、强调思辨、标举性理的宋明理学。它既受佛学的影响，又与佛学相对立。理学统治封建社会后期中国的思想界数百年之久，影响极为深远。明清之际，随着经济和社会的变动及西方文化的传入，产生了具有某些民主思想萌芽和科学务实色彩的新思想、新学派。两千多年来，作为中国传统文化主干的儒学不断发展，经常改变其具体形态。

应当指出的是：中国封建社会历史的变迁没有打破小农经济的格局，传统文化历经冲击、震荡，做出一定的反应和变化，随之仍然在旧的体系内得到了新的平衡。中国传统文化的坚韧性根源于中国社会经济结构的稳定性，如果没有经济结构的根本变化，没有社会生活和阶级构成的重大进步，要破除根深蒂固的儒家思想传统是不可能的。

二、近代中西文化的冲突

1840年鸦片战争，外国侵略者用大炮轰开了中国的大门，使中国逐步地变为半殖民地半封建社会。中国失去了许多国土、主权、利益，人民生活在水深火热之中，中国的传统文化遭遇到前所未有的挑战。欧风美雨带来了船炮机器、工厂铁路、声光化电，带来了进化论、物竞天择、商战、民权、立宪、共和。西方传来的新思想、新观念迅速传播，和以儒家为主干的中国传统文化体系格格不入，产生了严重的冲突。许多人做过中西文化的研究，评论两者的优劣得失。如果抽象地议论，那么，各种类型的文化各有其生成的根由，各有其精华和糟粕，都可以一一指陈其成就和局限。但是，如果放在历史的长河中考察，那么各种文化自有其特点和性质的不同，有先进和落后的差别。哪一种文化能够适应并服务于现实生活，便能够争得存在和发展的权利。鸦片战争以来的历史实践已经清楚地表明：中国传统文化的整个体系产生于封建的农业社会，不适应近代社会的需要，在以大工业生产为基础的近代世界中没有竞胜的能力。中国必须开放，大量引进西方的物质文明和精神文明，在破除传统文化体系的同时，吸收中国和西方文化中有价值的部分，在新的基础上建构新的文明大厦。中国近代的先进分子，从林则徐、魏源、洪秀全开始，经过康有为、谭嗣同、梁启超、严复、孙中山、章太炎，直至五四时代的陈独秀、李大钊、鲁迅、毛泽东、蔡和森、周恩来，都在向西方学习，都在中国旧文化衰落、新文化诞生过程中艰苦探索，寻求救国的真理。

文化是经济、政治的反映，并将给经济、政治以巨大的反作用。文化将随着经济、政治的改变而改变。鸦片战争之后，中国社会生活发生了翻天覆地的变化，文化领域内也掀起阵阵波澜。由于中国的传统文化深入人心，尽管它已不适应国家和民族的生存需要，但却在很长时间里仍支配着人们的思想和行为。近代史上的每一步改革都遭到了传统力量的强烈抗拒。当洋务派引进外国的枪炮机器、轮船火车、纺织矿冶等器物文化，企图改变中国的经济局面时，顽固派讥之为"奇技淫巧""用夷变夏"。洋务派不能做出正面回答，而举着"中学为体，西学为用"的旗号，声称引进器物文化正是为了保卫中国固有的文化，为自己不敢违背圣贤之道辩解。张之洞说："其心圣人之心，行圣人之行。以孝悌忠信为德，以尊法庇民为政。朝运汽轮，夕驰铁路，无害为圣人之徒也。"[1] 戊戌变法时期，维新派要求君主立宪，在政治方面实行改革，但他们同样不敢违背传统的儒家学说，反而打起"尊孔"的旗子，把孔子打扮成变法改制的圣人。康有为尊儒学为"国教"，说"惟有孔子，真文明世之教主"，今所编撰，"特发明孔子为改制教主，六经皆孔子所作，俾国人知教主，共尊信之。皇上乙夜览观，知大圣之改制，审通变之宜民，所以训谕国人，尊崇教主，必在是矣"[2]。维新派要求中国实现近代化，却一心要在孔子的门下找荫庇，灵魂深处仍保存着与近代化格格不入的儒学世界观。孙中山自幼接受西方教育，受儒学的影响较小。他领导的民主革命的矛头指向清政府，提出"驱除鞑虏，恢复中华，建立民国，平均地权"的纲领，并没有正面反对儒学和传统文

---

[1] 张之洞：《会通》，《劝学篇·下篇》。
[2] 康有为：《请尊孔圣为国教立教部教会以孔子纪年而废淫祀折》。

化。有些同盟会会员甚至标榜传统的"华夷之辨"以及恢复汉家衣冠，以增强反满的号召力。所以，有人说孙中山"一方面主张恢复固有的道德与智能，一方面主张学外国之所长，是为国粹与欧化的折中"①。自鸦片战争以来，中西文化的冲突日益尖锐，但直到清朝灭亡后，国人还没有对统治中国两千多年的封建儒学进行正面的、系统的批判。这是由于近代的反帝反封建斗争此起彼伏，十分激烈，人们把注意力集中在当时迫切的政治问题上，无暇顾及比较隐蔽而又影响深远的文化传统问题。并且，封建儒学有着强固的根基，长期盘踞在大多数知识分子和人民的头脑中，维持相当的权威和影响力。因此，直到五四以前，文化领域的斗争虽然相当猛烈，但仍属于前哨战、外围战，而非攻坚战。辛亥革命推翻了清政府，旧的封建专制主义的政治中心倒塌了，这是民主革命的伟大胜利。但是，长期依附于封建政治的旧文化并未销声匿迹，它的游魂到处飘荡。袁世凯演出帝制丑剧，请来儒家，祭天祀孔；一些清朝遗老建立孔教会，在读经复古声中大做复辟梦。封建儒学与专制帝制相表里，不批判旧道德、旧文化，它必定会再次成为复辟的护符，不但革命不能向纵深发展，甚至已取得的革命成果也会化为乌有。新旧文化的冲突有着深刻的原因，已经历很长时间，郁积既久，其发必烈，文化领域的决战是不可避免的。就像陈独秀所说："政治界虽经三次革命，而黑暗未曾稍减，其原因之小部分，则为三次革命皆虎头蛇尾，未能充分以鲜血洗净旧污。其大部分，则为盘踞吾人精神界根深蒂固之伦理、道德、文章、艺术诸端，莫不黑幕层张，垢污深积，并此

---

① 蔡元培：《中华民族与中庸之道》。

虎头蛇尾之革命而未有焉。此单独政治革命所以于吾之社会，不生若何变化，不收若何效果也。"[1] 既然单独的政治革命因意识形态的阻力而不能进行到底，那就必定会开辟文化领域的新战场。一批思想启蒙战士应运而生，披挂上阵，以排山倒海之势、雷霆万钧之力，冲击传统文化的堤防，锋芒直指儒家的伦理观、价值观以及孔子本人。陈独秀说："忠孝节义，奴隶之道德也"[2] "民主共和的国家组织、社会制度、伦理观念和君主专制的国家组织、社会制度、伦理观念全然相反。一个是重在平等精神，一个是重在尊卑阶级，万万不能调和的。"[3] 李大钊说："孔子者，数千年前之残骸枯骨也""历代帝王专制之护符也"[4]。鲁迅在《狂人日记》《我之节烈观》《随感录》中痛斥旧礼教和所谓"仁义道德"，鞭挞儒家所倡导的父权、夫权。吴虞说："孔二先生的礼教讲到极点，就非杀人吃人不成功，真是残酷极了。"[5] 钱玄同、刘半农反对封建迷信，抨击乌烟瘴气的灵学与扶乩术。胡适提倡白话文，作白话诗，标举文学革命，要求对文化媒介和传播工具进行改革，"先要做到文字体裁的大解放，方才可以用来做新思想新精神的运输品"。五四时期，这些知识分子的思想，虽有急进、缓进之分，以后更有进一步的分化和转向，但当时他们都站在民主和科学的旗帜下，对传统文化进行口诛笔伐。他们反对纲常伦理，要求尊重个性；反对盲从古人，提倡独立思考；反对传统的

---

[1] 陈独秀：《文学革命论》。
[2] 陈独秀：《独秀文存》，第3页，安徽人民出版社，1987年。
[3] 陈独秀：《旧的思想与国体问题》。
[4] 李大钊：《孔子与宪法》。
[5] 吴虞：《吃人与礼教》。

权威，要求"用自己的话写自己的主张"。五四运动对数千年之久的封建主义文化的马厩进行了一次大清扫，为中国新文化的建设奠定了基础，其伟大的历史作用应该充分肯定。

三、评价五四新文化运动中的若干问题

五四运动已经过去七十年了。人们在经历七十年沧桑巨变的同时，经常回顾这场伟大的运动，对它的是非功过进行评价，出版或发表了许多著作和文章，其中有很多真知灼见，对五四新文化运动的发生、发展及意义做出了深刻的阐发。但至今，处在改革开放的大潮中，对五四运动进行反思，仍有许多问题值得进一步研究和探讨。五四运动激烈反对传统文化，当时的思想战士是不是态度偏激、感情用事？是不是完全摒弃传统文化，对传统一味进行非理性的、无意义的破坏？

五四运动确有片面性。早在四十七年前，毛泽东就说：

> 五四运动本身也是有缺点的。那时的许多领导人物，还没有马克思主义的批判精神，他们使用的方法，一般地还是资产阶级的方法，即形式主义的方法。他们反对旧八股、旧教条，主张科学和民主，是很对的。但是他们对于现状，对于历史，对于外国事物，没有历史唯物主义的批判精神，所谓坏就是绝对的坏，一切皆坏；所谓好就是绝对的好，一切皆好。这种形式主义地看问题的方法，就影响了后来这个运动的发展。①

---

① 《毛泽东选集》，第3卷，人民出版社，1991年。

在近代历史上，作为传统文化主干的儒家思想早已是社会进步和革命发展的障碍，因此，五四时期先进分子对其进行激烈的批判是势所必至、理所当然的。在批判中产生某些形式主义的缺点也是可以理解的。因为，他们不是在书斋中慢条斯理地进行研究，而是处在战斗的环境中，面对着长期统治中国的儒家思想这个庞然大物，面对着尊孔复辟派的反动叫嚣和倒行逆施，不进行迅速的、强有力的攻击，新思想、新文化就不可能占领阵地，站稳脚跟。当时的领导人还没有掌握科学的思想武器，去正确分析中国的历史和文化，而是以强烈的愤慨补充了理论准备之不足。他们攻击的方向是正确的，态度是坚决的，但一刀一枪并非都能击中对方的要害。评判任何一种战斗，只能综论其全局的胜负得失，而不能斤斤计较局部的失利或误伤。五四新文化运动的功绩在于它对旧文化、旧教条的不妥协性，我们不应当要求它对丰富复杂的中国传统文化进行全面深入、恰如其分的评价和分析，因为这是需要长期细致的研究才能做到的。

尽管五四时期先进分子对传统文化的批判言辞锋利，十分激烈，但思想文化领域的任何激进主义者都不会同自己的先辈一刀两断，全部决裂。人生活在一定的社会环境和文化氛围中，总要受传统的教育和熏陶。每一个人都属于某种文化，是这种文化塑造的，不可能完全脱离自己成长的土壤，不可能离开传统，正如拔着自己的头发不能够离开地面一样。先进思想家可以和传统文化的核心部分进行激烈的、不调和的战斗，却仍必须利用先辈们遗留下来的许多理论观点和思想资料，不可能在一切方面和昨天宣战。五四时期反传统的战士其实都受过充分的传统教育。他们熟读经书，精通儒家学说，而又留学国外，涉猎西学，可谓学贯中西，通晓古今，知识渊博。一方面，他们认定儒学作为占主导地位的意识形态，不能适应近代社会的要求，因而对之进行了激烈的批判；另一方面，他们并非没有认识到传统文化中蕴藏着珍贵的宝藏，需要发掘、继承。如李大钊对中国社会经济史的阐明，鲁迅开展中国小说史的研究和校辑古籍，胡适整理国故并在哲学史和小说考证方面做出成绩。还有稍后的郭沫若、瞿秋白、茅盾、郑振铎、顾颉刚、傅斯年、罗家伦等，都曾潜心研究中国历史或中国文学而做出了贡献。从他们毕生的学问和事业看，说他们摒弃了中国传统文化是不合乎事实的。

五四运动的另一个巨大功绩就是彻底反对帝国主义。运动的爆发就是由于中国在巴黎和会上遭到列强的欺压凌辱。五四中提出"外争国权，内惩国贼"的口号，恰好是继承和发扬爱国主义传统的表现。中国人民一直具有反对异族入侵的优良传统，特别在近代史上，中国人民为反对帝国主义侵略而英勇战斗，前仆后继，正是这一爱国主义传统使中华民族在危急关头团结、凝聚在一起，全力反对外来侵略，使帝国主义不可能瓜分和灭亡中国。五四运动继承了这一爱国主义传统，并使启蒙和救亡相结合，掀起了波澜壮阔的群众运动。可见，五四运动虽然激烈批判了传统儒学，但并没有全部否定传统，反而把传统中的爱国主义精神发扬到新的高度。

反帝与反封建、救亡与启蒙，这是五四运动的两大任务，其相互关系如何？五四运动以后爱国救亡与政治革命风起云涌，延绵不断，成为历史的主旋律，这会不会掩盖和压抑了启蒙运动的发展？是不是使五四前后的新文化运动出现了断裂？民族生存和夺取政权的紧迫任务是不是压倒了个人对自由、平等、民权等理想的追求，因而使启蒙的任务长期没有完成？思想启蒙与革命救亡是否产生了矛盾？

事实上，革命救亡与思想启蒙是历史发展进程中不可分离、相互促进的两个方面。一切思想启蒙都和政治革命、社会改造相伴随。思想启蒙的根本目的是唤起群众、改造社会、拯救国家。而革命救亡也必须以群众的觉醒和奋起为前提。因此，启蒙必然在一个具体的历史环境中展开，必然和当时的政治任务相结合。18世纪法国的启蒙运动导致了颠覆欧洲封建制度的一场大革命，而中国戊戌前后的启蒙运动也与变法维新的政治浪潮相伴随，从来没有仅仅停留在书斋中、完全脱离社会改造的、抽象的思想启蒙。从中国的情况来看，思想启蒙长期在救亡和战争的环境中进行。严峻的客观现实自然不容许当时中国实施正规的义务教育，也不可能使中国有更多的经费和更完备的文化教育设施。一切因陋就简，文化启蒙的内容、形式和规模都要受历史条件的制约，但绝不能把启蒙任务未能完成的原因归于救亡和革命。恰恰相反，思想启蒙必须在爱国救亡和政治革命中寻找动力，逐步展开。五四运动之前，思想斗争已由为《新青年》杂志撰稿的少数作者所发动，但影响还不大，正是因为五四运动，全国的青年学生、工人、市民进行游行示威，发出爱国救亡的呼声，同时也把思想启蒙的成果大大地发展推广。救亡与启蒙联袂前进，相得益彰，在全国造成了如火如荼的轰动效应，可见两者是相互促进，而非矛盾对立的。

至于自由、平等、民权,确实是中国人民的理想和追求。但救亡和革命正是为了争取个体的生存,保障个人的自由、平等和民权。如果国家主权和民族生存受到威胁,那么就谈不上个人的任何权利。因此,从根本上说,救亡和革命不会压抑个性的发展、抹杀个体的价值,而正是为实现自由、平等和民权开辟了可能性。

的确,五四运动思想启蒙的任务并没有完成。至今,民主和科学仍然是我们要努力争取的目标。为什么中国思想启蒙的路程这样漫长而艰巨?五四运动是不是破坏太多,建树太少?它的主要功绩表现在哪里?

诚然,五四运动只是思想启蒙的开始。五四以后,愚昧、迷信、专制主义依然统治着中国。思想启蒙本来就是长期任务,在西欧花费了从文艺复兴到18世纪的几百年时间。在中国这样一穷二白的大国,要完成启蒙任务,建设高度文明的国家,必须依靠全民族世世代代的艰苦努力。我们本来就不能指望在五四运动的短暂时期解决这一根本问题。但五四运动在思想文化领域并非无所建树,它的巨大功绩是传播了马克思主义,在激烈批判了传统的儒学以后,人民选择了马克思主义的科学理论作为观察世界、分析中国、改造社会、推动革命的思想武器,从此揭开了中国共产党领导下的新民主主义革命的序幕。

五四运动以前,陈独秀创办《新青年》时所揭橥的是法国资产阶级革命中自由、平等、博爱的口号,仍想在中国建立资产阶级共和国。但第一次世界大战的爆发,使帝国主义世界的矛盾充分暴露,以前曾经非常具有吸引力的资产阶级理性王国竟把人类推入大规模相互残杀的绝望境地。因此,资产阶级理性王国失去了诱人的光彩。十月革命的胜利,犹如一声春雷,震惊了世界和中国,俄国的工农大众首先挣脱锁链而站立起来,这给长久处在沉重压迫下的中国人民树立了榜样,鼓舞起信心。五四运动中,传统的封建思想遭到批判,思想界释放出巨大的能量,形成生动活泼、蓬勃进取的新局面,外国的各种思想纷纷传入中国,理论繁多,学派林立,使人眼花缭乱,对青年们具有很大的吸引力。当时,人们在摆脱了传统儒家思想的束缚后,无所拘束,凭着各人的所学所感、所思所悟去判断是非,接触社会,体验人生,追求真理。经过一段时间的探索、争辩、选择,马克思主义赢得越来越多的群众,逐渐在中国生根成长、开花结果,取得了历史性的胜利。

中国人民之所以选择马克思主义,因为它是科学的、革命的理论。它使人能够正确地认识国情、洞察形势、制定战略策略,给人以智慧、力量和信心。它坚定地维护被压迫人民的利益,能够鼓舞群众,最大限度地动员群众。这一科学理论适应于已经成熟了的中国革命的要求。正像马克思所说:"理论在一个国家的实现程度,决定于理论满足这个国家的需要的程度。"[①]

五四运动最伟大的建树是在中国传播了马克思主义。中国革命自从有了马克思主义的正确指导,就很快走出了低谷,迎来了高潮,而思想启蒙也有了更锐利的武器。此后,经过长期奋斗,终于推翻了帝国主义、封建主义的统治,建立了社会主义的新中国。

[①]《马克思恩格斯全集》,第1卷,第462页,人民出版社,1956年。

四、当前的文化建设和对传统文化的批判继承

当前，我国正处于社会主义改革开放的大潮中，五四时期思想启蒙的任务尚有待完成。我国是个疆域广阔、人口众多，经过两千多年封建统治的大国，底子很薄，一穷二白，改变这种情况需要长期努力。我国的文盲达两亿数千万，高素质人才占人口比例很小（此为1990年本文写作前的数据），文化教育设施落后，这是制约我们经济腾飞的重要因素。贫穷与愚昧，两者是牢固结合、互为因果的共存体，治贫必须治愚，治愚又必须治贫。我们当前最主要的任务是发展生产力，生产力中最重要、最活跃的因素则是人。生产工具、机器设备是由人制造和操作的，工厂、企业是由人进行管理的。现代化建设需要千千万万有理想、有道德、有文化、有纪律的人。改革的成功与否，取决于作为改革主体的人是否具备与改革相适应的文化素质。培育优秀文化，其中包括教育、科学、文化知识的发展，民主和法律的完善，以及人们思想、道德水平的提高，这是"四化"建设中刻不容缓的任务。

我们的目标是建设社会主义的新文化。文化是人类在改造世界中产生的物质和精神成果，有什么样的客观世界、社会制度和什么样的改造活动，就会产生什么性质的文化成果。我们今天正在创造的是社会主义性质的文化，从总体和发展前途看，必定会超越世界上存在过的其他文化。但当它处在社会主义初级阶段时，却未必能在很多方面赶上或超过形成已久、历经锤炼、充分成熟了的其他文化。社会主义文化必然要把其他文化作为自己的先驱，汲取营养，取材借鉴，以利于自己的成长。发展社会主义

文化的根本源泉是生活实践。生活实践将决定文化发展的方向，提供文化建设的模式、素材和动力。创造文化的过程即是总结新生活、解决新问题、发展新观念、产生新成果的过程。文化如果离开了生活实践，就成了无源之水、无本之木，必定会枯萎死亡。我们的文化建设与当前的现代化建设密切结合，应适应现代化建设的要求，在知识和科学水平方面有大幅度提高，在价值取向和社会心态方面有重大转变，并发扬民主、法治意识，提倡效率、平等、功利观念，尊重人的尊严和权利，在保障集体价值的同时发展个体价值。总之，我们仍将沿着五四运动所开辟的道路前进。

今天，我们在文化建设中，也像五四时代的先辈们一样，面对着如何对待丰富而复杂的中国传统文化的问题，不过处境、条件已变化，所以任务就有所不同。五四前夕，是历史上最黑暗的时期之一，尊孔复古的议论甚嚣尘上，复辟丑剧一演再演。五四的先辈们处在一个紧迫的战斗环境中，以廓清雾瘴、荡涤污垢、开辟新路为己任。我们已经完成了民主革命的任务，建立了新中国，进行了三十多年的社会主义建设（据1990年版《历史的选择》）。三十多年中的挫折和失误深刻地教育了我们：要防止"左"的倾向，特别是不能重复"文化大革命"期间批判一切、否定一切的错误。我们的任务是对中国传统文化进行马克思主义的分析，深入研究，重新估价，取其精华，弃其糟粕，以丰富和发展社会主义的新文化。

文化传统是历史地形成的，是时代的、民族的产物。每个人都在传统的哺育下获得知识，培养能力，形成思维方式和价值取向。传统和我们的关系十分密切，我们既不能脱离传统，也不能自由地选择传统。但历史是不断前进的，传统只反映过去，一旦成为传统，它就凝固起来，偏离日益发展的新生活，有时会和新生活发生严重的冲突，成为前进中的包袱。传统和现代化是历史发展中的两个环节，既相互衔接又相互矛盾。传统是昨天的创造活动的积淀，又流注到今天和未来。而现代化是当前的行动目标，是前所未有的创造，是新生活的起点。现代化必然要冲击、改造、利用传统，为自己的胜利前进开辟道路。担负着现代化责任的人，对传统必然是有所继承、有所改造、有所革新、有所超越。

"取其精华，弃其糟粕"，这八个字是我们对传统文化的基本态度，既区别于全盘继承，无条件地接受；又区别于一笔抹杀，完全抛弃。我们既不是复古主义者，也不是民族虚无主义者。但对待传统文化需要长期研究，精心鉴别，不是乱套乱用这八个字的简单公式；分类处理，也不是拿这八个字代替艰苦、细致的工作。传统文化中，何者为精华？何者为糟粕？如何弃取？这些恰恰是难点之所在。精华与糟粕并非泾渭分明、一目了然，可以简单地挑拣。两者常常结合在一起，互相渗透、互相依存，在一定条件下甚至可以互相转化。研究传统文化，一定要结合它生成的历史环境，细致地解剖它的内容、多样化的形式以及发挥的功能，从宽广的视角进行考察，切忌简单片面、浮浅狭隘、急功近利的做法。

大概说来，传统文化有几种情况：

第一种属于自然科学、逻辑、语言、工艺技巧，以及全人类共有的知识内容、行为规范，这些都是人们在改造自然、改造社会中取得的共同成果，通常是没有阶级性或阶级性不强烈的部分。它有自身的发展规律，不是伴随经济基础的改变而急剧改变。它通过新知识的逐渐积累、新内容的不断丰富而代替、更新旧知识、旧内容。渐进性的积累、更新是其传承的特点，已有的知识内容和成果不是简单被抛弃，它们往往是取得新知识的基础，即使被取代以后，其合理内容仍被包容在新的文化成果中。这类传统文化的连续性和稳定性是很明显的。

第二种是传统文化中属于意识形态的部分，包括哲学、政治、法律、宗教、道德、文学、艺术的成果，也包括人们的心理、情绪、价值取向、某些典章制度、风俗习惯。这些属于观念和制度文化，较直接地反映时代特点和阶级利益。人们对其是非善恶的评价往往有较多分歧。相对于现实生活的发展变化，意识形态和制度、习俗相对滞后，这就会引发其与现实生活的脱节和冲突。我们所说评价传统文化的复杂性和难点就是指的这一部分，常常是精华与糟粕杂然并存，褒扬与贬斥截然对立，引起文化思想领域中激烈的两军对战。中国的传统文化产生于旧时代的农业社会，把它过分拔高，要它在中国以至世界的现实和未来生活中居于主导思想的地位，显然是一种奢望，是不可能做到的。但我们现在处在与五四运动不同的时代，是在从事长期的文化建设，有更多的时间进行细致的研究、探讨，有更大的可能去理解与宽容。除了坚决剔除确实有害于现代化建设的糟粕外，对历史文化遗产应当谨慎从事、小心保护，避免全盘否定、激烈破坏。

第三种是传统文化中的实物遗存，如名胜古迹、古器物、古建筑、古工艺品以及书籍字画等。这一类既非知识技能，又非观念制度，而是传统文化的物质载体，是中华民族的劳动创造和智慧结晶，体现着中国悠久灿烂的文明，可以鼓舞人们的爱国主义精神，增长人们的知识和能力，培养人们追求真善美和人们的高尚情操，可以在建设社会主义精神文明中发挥巨大的作用。这些历史文物是国家的瑰宝，当然要妥善保存和管理，不允许加以破坏。

第四种是传统文化中确属反动、落后的部分。如封建迷信，淫秽作品，荒诞不经的议论、传闻，野蛮、残忍的观念、习俗。这些理所当然要加以摒弃、淘汰。即使对待这些"有毒的内容"，也要慎重处理，区别包含在大量毒素中尚属合理的、无害的部分。全属糟粕的东西，自然不能使其泛滥，危害人民的身心健康，但从历史学、宗教学、民俗学、社会学、心理学的研究角度看，其中也包含着有用的研究素材，不可任意丢弃、消灭。对一切文化遗产，我们不能像封建统治者那样采取焚书、劈版、篡改、灭绝的愚蠢做法。

总之，我们所要建设的是富有创新精神的社会主义新文化，必须能够适应并促进现代化建设。我们既不能袭用传统文化的整个体系与思想观点，又不能与之脱离。正确的态度是改造、转换、创新、超越，用马克思主义进行细致的研究，使源远流长、内涵丰富的我国历史文化遗产能更好地为现实服务，以建立具有时代精神的、光辉灿烂的中华民族新文化。